크리에이터 콘텐츠 머니타이제이션

Creator Content Monetization

국내 최대 디지털 에이전시가
소셜 미디어 마케팅으로
창출한 수익 모델

크리에이터
콘텐츠
머니타이제이션

더에스엠씨 김용태 김소연 박수진

작가
출판

저자의 말

2024년 11월, ChatGPT에게 "유튜브 트렌드를 설명해줘"라고 요청했을 때 다음과 같은 답변을 얻을 수 있었습니다.

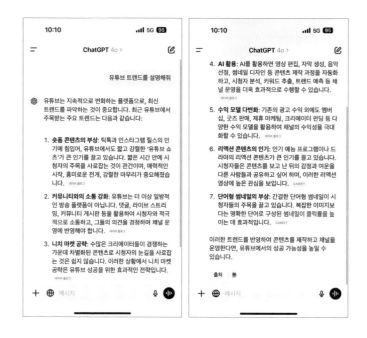

이 책을 집필하는 현재 시점에서는 유튜브를 즐겨보는 사람이라면 누구나 고개를 끄덕일 법한 답변입니다. 하지만 독자 여러분이 이 책을 덮은 후 ChatGPT에게 똑같은 질문을 던졌을 때는 아마 또 다른 답변을 받게 될 겁니다. 콘텐츠 트렌드는 파도처럼 눈 깜짝할 새에 밀려왔다가, 멈춰있지 않고 다시 흘러가 버리니까요.

그런데 마케팅 분야에서 말하는 콘텐츠는 더에스엠씨가 소셜 미디어 시장에서 15년간 콘텐츠를 만들어온 동안 크게 변하지 않았습니다. 물론 당시 인기 있는 이미지 톤앤매너를 반영하거나 유행하는 밈을 차용하는 등 크리에이브 요소의 변화는 그 어느 영역보다도 마케팅 시장에서 가장 빠르게 받아들이고 있습니다. 하지만 메시지를 콘텐츠 소비자에게 전달하는 방식의 경우에는 그렇지만도 않죠.

과거 시청자가 접하던 레거시 미디어는 콘텐츠를 푸쉬push하는 방식이었습니다. 제작자가 콘텐츠에 어떤 크리에이티브나 메시지를 녹이면 이것이 TV나 신문 등 매체를 통해 시청자에게 일방적으로 전달되었죠. 푸쉬 크리에이티브는 오늘날 소셜 미디어에서도 동일한 방식으로 접목되어왔습니다.

하지만 앞으로의 콘텐츠는 푸쉬가 아닌 풀pull 콘텐츠, 즉 시청자를 끌어당기는 콘텐츠로 변화할 것입니다. 풀 콘텐츠 환경에서는 시청자를 관여도에 따라 구분할 수 있는데요. 관여도가 낮은, 즉 콘텐츠로부터 거리가 먼 시청자부터 라이트 팔로워, 헤비 팔로워, 팬, 그리고 팬덤으로 정의합니다.

이러한 환경에서 콘텐츠의 힘을 극대화하려면 채널의 조회수를 어떤 단계의 시청자가 구성하고 있는지 파악해야 합니다.

제품의 가격이나 USP에 따라 마케팅 타깃이 달라지는 것처럼, 콘텐츠 혹은 채널의 목적에 따라 타깃팅 해야 할 대상도 달라져야 하는 것인데요. 예컨대 이제 막 이름을 알리기 시작한 신생 브랜드라면 브랜드에 대한 친밀감이 높지 않은 라이트 팔로워를 중심으로 고려해서 콘텐츠를 기획해야 하겠죠. 그리고 바로 이때 위력을 발휘하는 것이 풀 콘텐츠입니다.

풀 콘텐츠는 라이트 팔로워를 헤비 팔로워로, 팬으로, 그리고 팬덤까지 끌어올 수 있는 힘을 가지고 있습니다. 심지어는 알고리즘을 활용해 아직 구독 버튼조차 누르지 않은 사람에게도 도달할 수 있고요. 국내뿐만 아니라 전 세계 시청자에게 닿을 수 있으니 그 잠재력은 무궁무진하다고 해도 과언이 아닙니다.

그렇다면 풀 콘텐츠는 어떻게 만들어야 할까요? 크리에이터가 콘텐츠로 팬, 그리고 팬덤을 만들기 위해 어떤 콘텐츠를 기획할 수 있을까요? 그 질문에 대한 해답을 더에스엠씨는 계속해서 고민하고 있고, 연구와 실험을 통해 검증한 내용을 이 책에 담았습니다. 이 책이 지금까지 콘텐츠 트렌드의 흐름을 해석하고 앞으로의 콘텐츠를 만드는 데 좋은 길잡이가 되길 바랍니다.

김용태

"Be a _____ creator"

<u>brave</u> 'Brave' 정신, 그것은 불확실한 창작의 여정 속에서 자신만의 길을 가고, 다른 이들과 차별화되는 독창적인 콘텐츠를 만들어내는 용기다. 과거와 결별하고 성공의 기억을 지우며 낯선 것에 두려움 없이 마주할 용기. 이 책은 바로 그 용기 있는 콘텐츠 크리에이터들을 위한 길잡이가 되어줄 것이다. 소셜 미디어, 숏폼에 이은 세 번째 시리즈를 통해 새로운 트렌드와 인사이트를 얻어가길 권한다. ─ 김낙회 한국광고총연합회 회장

<u>sixth sense</u> 콘텐츠와 머니타이제이션의 교차점에서 흐릿했던 순간들이 사라진다. 레거시 미디어부터 뉴미디어까지 저자의 크리에이터로서의 우아한 통찰력이 뉴 엔터테인먼트 시대 크리에이터들의 육감을 깨울 것이다. ─ 정승환 ADER ERROR 부대표이사

impactive 이 책은 브랜드와 소비자를 연결하는 'How To'를 통한 머니타이제이션의 바이블이다. ― 나현갑 크리에이터 지무비

confident 이제는 유명한 크리에이터가 아니더라도 100만 조회수쯤은 릴스 하나로 달성할 수 있는 시대이다. 이런 시대에서 크리에이터로 살아남는다는 것은 '나'라는 크리에이터에 대한 명확한 정의와 자신감이 핵심이며, 나의 크리에이티브를 지속 가능한 구조로 만들 수 있어야 한다. 이 책은 크리에이티브 하나는 자신 있는 우리에게, 나의 콘텐츠를 지속 가능한 비즈니스로 설계하는 데에 필요한 인사이트를 제공한다. ― 이정태 크리에이터 긱블

authentic 타인을 좇기보다 진정한 '나'를 찾아서 세상에 드러내는 것이 미덕인 시대. 빠르게 변화하고 확장하는 콘텐츠의 물결 위에서 '나다움'을 돛 삼으며 파도를 타는 크리에이터들과 생태계를 만들어가는 모든 플레이어들을 응원한다. ― 김소연 뉴닉 대표

outstanding 디지털 콘텐츠 및 광고업계에서 가장 빠르게 성장한 회사의 창업자가 전하는 노하우! ― 최용식 아웃스탠딩 대표

wacky Funny, Amusing, Eccentric, Unusual, Playful, Crazy(좋은 의미에서의) 등의 의미를 담고 있는 단어가 Wacky하다는 말이다. SNS가 미디어의 중심이 되어버린 세상. 콘텐츠의 공급은 무한대로 다양해졌고, 승부는 크리에이터의 능력에 걸려있다. Marketing Professional로서 특히 뉴미디어 엔터테인먼트 콘텐츠 창작을 업으로 하시는 분들에게 이 책은 과거 100년의 패러다임에서 완전히 뒤바뀐 새로운 미디어 세계의 생태계를 이해하는데 가장 뛰어난 길라잡이가 될 것이 분명하다.

— 정동섭 딜로이트 코리아 CMO

K-style 최근 한국의 다양한 컬처는 글로벌의 호응을 넘어 컬처를 리드하는 위상을 얻게 되었다. 이 책은 우리의 시각과 문화가 담긴 콘텐츠가 어떻게 글로벌 비즈니스로 성장할 수 있는지를 소개하는 이정표가 될 것이다. 이를 통해 국내 다양한 크리에이터와 마케터들이 글로벌 시장에서 더 큰 꿈을 펼쳐나길 기대해 본다.

— 지원규 PTKOREA(펑타이코리아) 대표

clever 이 책은 이상하다. 원래 정보를 주는 책은 지루하고, 재밌는 책은 얻어가는 게 약하기 마련인데, 이 책은 읽고 있노라면 돈을 벌고 싶은 크리에이터가 알아야 할 모든 방법들이 하나하나 머릿속에 잡아가면서 제대로 된 방향으로 인도한다. 크리에이터로서 돈을 벌어보고 싶은 마음이 있는 사람이라면, 이 책 저 책 읽지 않아도 이 책 한 권으로 크리에이터가 돈을 벌 수 있는 시작과 끝 모두를 알려준다. — 최영섭 차이커뮤니케이션 대표

narrative 꾸준히 잘 팔리는 콘텐츠는 잘 짜인 극본과 같다. 그리고 모든 극의 서사는 인물, 사건, 배경에서 시작한다. 소셜 미디어라는 거대한 쇼비즈니스의 장에서 누가, 누구에게, 어떤 이야기를 만들어 팔 것인지에 대해 쉽고 선명하게 그 해법을 담았다.

— 김성준 시몬스 부사장

target-oriented 20년 넘은 기자로 어떤 혁신이 새로운 메가 트렌드로 성장하는지 면밀하게 지켜봤다. 기자가 내린 결론은 'Target(지향점)'이다. 이는 고객이나 유저라는 단어로 바꿔볼 수도 있겠다. 〈콘텐츠 머니타이제이션〉이라는 저서를 통해 국내 최초로 콘텐츠 수익화 방안을 구체적으로 제시한 김용태 대표는 이번에는 '크리에이터'로 관점을 옮겼다. 크리에이터와 콘텐츠, 커머스의 유기적인 관계를 예리하게 해석한 그는 'Target-oriented'의 중요성을 강조한다.　　　　— 명순영 매경이코노미 부장

signiture　요즘처럼 전 세계에서 한국 콘텐츠가 관심과 사랑을 받았던 적이 있었을까. 이 책은 위기의 한국 경제에 한 줄기 빛과 같은 희망을 이야기하고 있다. 내가 좋아하고 신뢰하는 유명 배우나 인플루언서의 제안을 따르는 소비가 확산하는 가운데, 나만의 시그니처를 만드는 것이 어느 때보다 중요해졌다. 이 책은 불확실한 미래 속 시그니처 크리에이터로의 항해에 든든한 나침반이 되어 줄 것이다.　　　　— 김도년 중앙일보 기자

competitive advantage　실전을 바탕으로 쌓아 올린 전략적 제언들은 놀랍게도 마케팅 관리와 전략의 핵심 원칙들과 맞닿아 있다. 유튜브에서 100만 명 이상의 구독자를 확보한 크리에이터가 국내에만 천 명을 넘는다고 한다. 경쟁 우위를 점하기 위한 친절한 제언들에 귀 기울여 보자!
　　　　— 박성호 서울대학교 경영대학 코빗석학교수

sustainable　이 책은 크리에이터들이 단기적인 성공을 넘어서, 장기적으로 지속 가능한 비즈니스 모델을 구축하는 데 필요한 전

략을 제시한다. 마케팅 채널로써 소셜 미디어 운영을 고려하는 마케터부터 100만 유튜버를 꿈꾸는 크리에이터 지망생까지, 콘텐츠로 소비자들의 마음을 얻고자 하는 모든 이들에게 깊은 통찰을 제공할 것이다. 이 책이 제시하는 통찰과 전략을 통해 독자분들도 단기적인 트렌드를 넘어 꾸준히 사랑받는 지속 가능한 크리에이터가 되길 바란다.　　　　　— 한상필 한양대학교 광고홍보학과 교수

immersive 오늘날의 크리에이터는 단순한 메시지 전달자가 아니다. 그들은 사람들을 몰입immerse하게 하는 경험의 프로듀서이자 연출자이다. 이 책은 크리에이터가 뛰어난 기획력을 바탕으로 깊이 있는 세계관을 구현하고, 스토리텔링과 감각적 요소를 결합하여 구독자와 연결될 때, 그 어떤 PR 커뮤니케이션이나 마케팅보다 강력한 영향력을 발휘할 수 있음을 예리하게 분석하고 있다.

— 이유나 한국PR협회장 / 한국외국어대학교 미디어커뮤니케이션학부 교수

your own 유행은 돌고 돈다. 남을 따라 흉내 내는 것이 아닌 본인만의 진정성으로 승부해야 한다. 가식적인 친구보다 본인에게 솔직한 친구에 더 끌리는 이유다. 소통은 친구와 같다.

— 박형근 코오롱 상무

CONTENT

1장 크리에이터 콘텐츠 인사이트

[사회] 관심 지표 | Interest Graph

[가치관] 자아 큐레이션 | Identity Curation

[관계] 헤비 팔로워 | Heavy Follower

[성장기] 화제성과 대세감 | Popularity & Trendiness

[전환기] 구독자를 구매자로 | Subscribers & Customers

3장 크리에이터 머니타이제이션

[캐릭터] 콘텐츠 확장 | Content Expansion

들어가는 글

왜 크리에이터인가

크리에이티브보다 선행되어야 하는 것

콘텐츠 마케팅에서 가장 중요한 전략은 무엇일까요? 가장 먼저 떠오르는 것은 콘셉트, 디자인, 카피, 캐릭터 등 크리에이티브 creative 요소일 텐데요. 실제로 크리에이티브는 굉장히 중요합니다. 콘텐츠를 통해 경쟁사와 다른 우리 제품만의 차별점을 매력적으로 보여줄 수 있어야 하니까요.

　그런데 이보다 선행되어야 하는 고민은 크리에이트create, 즉 콘텐츠 생산 그 자체인데요. 이는 남들보다 눈에 띄기 이전에 먼저 타깃에게 도달할 수 있는 생산물을 만들어야 한다는 의미입니다. 콘텐츠 플랫폼이 다양해지면서 플랫폼별 콘텐츠의 개성이 강해졌고, 이에 최적화되지 않은 콘텐츠는 유저의 관심을 얻기 어렵기 때문이죠.

대표적인 예시가 숏폼입니다. 숏폼이 트렌드로 자리 잡으면서 길고 거창한 메시지를 담기보다는 직관적인 재미를 살린 콘텐츠가 성행했는데요. 숏폼을 선호하는 유저에게 도달하기 위해서는 10분 분량으로 메시지를 꼼꼼히 담기보다는 몇십 초 분량의 숏폼 콘텐츠를 만들어야 합니다. 짧은 시간 내에 쉽게 유저의 공감을 이끌어내기 위해 친근한 브랜드 보이스를 활용해야 하고요.

크리에이터 이코노미

한편 이러한 플랫폼의 문법을 정확하게 이해하고 있는 전문가가 바로 크리에이터입니다. 크리에이터는 유저 친화적인 언어를 유창하게 구사하고 유저들과 가장 가까이에서 소통하며 새로운 콘텐츠 트렌드를 만들기도 하죠. 그만큼 크리에이터 콘텐츠의 영향력이 강해짐에 따라 뉴 미디어도 지금처럼 성장할 수 있었습니다.

콘텐츠 트렌드와 함께 크리에이터들이 활동하는 플랫폼 또한 변화를 거듭하고 있습니다. 특히 스트리밍 플랫폼 시장을 주도하던 트위치가 2024년 2월 27일 국내 서비스를 종료하고, 이와 비슷한 시기에 네이버에서 신규 스트리밍 플랫폼 '치지직'을 선보여 업계를 떠들썩하게 했습니다. 치지직은 출시한 지 한 달 만에 MAU* 130만 명을 모으며 큰 반향을 불러일으키고 있죠.

이처럼 크리에이터가 만드는 콘텐츠와 그로 인한 경제적 영향력, 이들이 활동하는 플랫폼 등을 포함한 경제 구조를 '크리에이터 이코노미creator economy'라고 합니다. 이는 범위가 매우 넓은 개념이기도 하고, 그 변화 속도 또한 굉장히 빠른데요. 콘텐츠를 다루는 마케터라면 콘텐츠 트렌드에 가장 직접적인 영향을 미치는 이 시장을 잘 이해할 필요가 있습니다.

그렇다면 '크리에이터로서 수익을 낸다'라고 했을 때 가장 먼저 어떤 플랫폼이 떠오르시나요? 아마 많은 분들이 유튜브를 떠올리실 겁니다. 이처럼 오늘날 유튜브는 크리에이터 콘텐츠 머니타이제이션creator content monetizaion, 즉 크리에이터의 콘텐츠를 수익화하는 대표적인 수단으로 꼽히는데요. 이는 유튜브가 일찌감치 조회수, 구독자 수 등 객관적인 기준으로 크리에이터에게 적절한 보상을 지급할 수 있는 시스템을 개발했기 때문입니다.

그래서 크리에이터 이코노미의 발전이나 현황 등을 쉽게 가

---

* Monthly Active Users의 약자로, 월간 활성 사용자를 뜻한다.

늘할 수 있는 예시로서 유튜브 관련 자료를 살펴볼 수 있습니다. 유저 수, 사용 시간, 인기 카테고리 등의 정보를 통해 시장의 성장률이나 동향을 이해할 수 있죠. 그중 숫자로 표현 가능한 데이터들을 한 장으로 요약하면 다음과 같습니다.

─────────── **GLOBAL** ───────────

알고리즘을 통한 시청 비율 **70퍼센트**	브랜드 인지 후 구매 비율 **70퍼센트**	국내 채널의 해외 시청 시간 비율 **30퍼센트**
쇼츠 1일 총조회수 **700억 회**	유튜브 활성 사용자 **27억 명**	1일 업로드 영상 시간 **72만 시간**

─────────── **KOREA** ───────────

인구수 대비 수익 창출 유튜브 채널 수 **1위**	누적 조회수 **2조 5,908억 회**	구독자 100만 명 이상 채널 수 **800여 개**
유튜브로 뉴스를 접하는 유저 **53퍼센트**	누적 구독자 **58억 명**	앱 월간 사용 시간 **1,119억 분**

*2018~2024년 조사 결과

| 유튜브 크리에이터 지도 |

먼저 유튜브가 전 세계적으로 어느 정도의 영향력을 지니고 있는지를 살펴볼까요. 2024년 기준 유튜브의 활성 사용자 수는 27억 명, 하루 동안 새롭게 업로드되는 영상의 분량은 72만 시간에 달합니다. 유튜브 쇼츠Shorts의 1일 총조회수는 약 700억 회나 되고요.

이처럼 유튜브는 전 세계적으로 막대한 영향력을 지니고 있습니다. 전 세계 각지에서 유튜브 콘텐츠를 만들고 소비하지만 그중에서도 한국은 유튜브 기반의 크리에이터 이코노미가 아주 활성화된 나라입니다.

2021년에는 인구수 대비 수익 창출 유튜브 채널 수가 전 세계 1위를 차지하기도 했는데요. 2024년 1월에는 국내 유튜브 사용 시간이 1,119억 분을 기록했는데 이는 2019년 1월 519억 분에서 116퍼센트 증가한 수치입니다. 그만큼 국내 크리에이터 이코노미가 유의미한 성장을 이어가고 있는 것이죠.

사실 크리에이터 이코노미의 규모가 얼마만큼 성장하고 있는지는 숫자를 보지 않더라도 직접 체감할 수 있습니다. 매일 새로운 크리에이터와 콘텐츠가 나타나고, 이제는 TV를 틀어도 유명 크리에이터들이 출연하는 모습을 쉽게 볼 수 있으니까요. 그렇다면 이제 콘텐츠를 마케팅에 활용해 수익을 내려면 어떤 '방향'을 고려해야 하는지 살펴봅시다.

2020년 구글이 실시한 설문 조사의 결과에 따르면 유튜브에서 특정 브랜드를 접한 후 실제 구매까지 이어졌다고 답한 유저의 비율은 무려 70퍼센트였습니다. 해당 설문 조사가 유튜브에 쇼핑 기능이 도입되기 전에 이루어졌음을 감안하면 유튜브가 적극적으로 커머스 기능을 확장하고 있는 지금은 더 높은 구매 전환율을 기대할 수 있겠죠.

또 한 가지 주목할 점은 유저가 시청한 영상 중 알고리즘을 통해 시청한 비율이 70퍼센트에 달한다는 사실인데요. 따라서 알고리즘의 영향력을 고려한 타기팅 전략이 필요할 뿐 아니라 알고리즘으로 유입된 유저를 구독자로, 나아가 팬으로까지 끌어들이기 위한 전략도 중요합니다. 단순히 시청에서만 끝나는 것이 아니라 구매로까지 연결될 수 있는 유대감이 필요하니까요.

앞으로의 변화는?

현재 수익화 구조가 가장 고도화된 유튜브를 중심으로 크리에이터 시장 현황을 파악해보았는데요. 최근에는 다른 소셜 미디어 플랫폼들도 크리에이터가 금전적 보상을 받을 수 있는 시스템을 강화하고 있습니다.

대표적으로 인스타그램은 2023년 12월 다양한 수익화 기능을 선보였습니다. 크리에이터가 릴스를 통해 팔로워들이 구매한 '스타'를 받으면 이를 정산받을 수 있는 '기프트' 기능, 구독자 독점 콘텐츠를 제공하는 '구독' 기능 등이 있습니다. 틱톡도 AR 필터 제작으로 리워드를 받을 수 있는 '이펙트 크리에이터 리워드 Effect Creator Reward' 프로그램을 국내에 공식 론칭하기도 했죠.

이처럼 크리에이터 시장은 앞으로도 변화를 거듭할 것입니다. 플랫폼은 다변화되고, 크리에이터의 활동 영역은 넓어지고, 순환하는 자본 또한 증가할 테니까요. 그래서 우리는 트렌드에 맞춰 발 빠르게 움직이기 위해 이 시장이 어떻게 성장하는지를 꾸준히 지켜봐야 합니다.

1장

×

크리에이터
콘텐츠 인사이트

creator content insight

최근 모든 콘텐츠의 중심에는 크리에이터가 있습니다.

이전에는 크리에이터가 소셜 미디어를 중심으로 활동했다면,

이제는 활동 범위를 넓혀 공중파 예능부터 광고까지 종횡무진

활약하는 모습을 어렵지 않게 찾아볼 수 있죠.

최신 크리에이터 콘텐츠 트렌드를 사회, 가치관, 관계, 콘텐츠,

소비의 다섯 가지 분류로 나누어 정의하고, 이를 통해 얻을 수 있는

인사이트를 제시합니다.

가치관

———

관계

———

콘텐츠

———

소비

관심 지표

interest graph

소셜 미디어의 미래는
'social'이 아니다?

플랫폼 중심 지표의 변화, 그리고 크리에이터의 부상

SNS, 즉 소셜 네트워크 서비스Social Network Service는 온라인상에서 사람과 사람 사이를 잇는 사회적 관계망을 뜻합니다. 하지만 이러한 역할만을 수행했던 것은 이미 오래전의 일입니다. 이제는 비슷한 관심사를 가진 사람들을 매개하는 소셜 '미디어'로서 그 역할이 점점 확장되고 있죠.

이러한 확장이 가능해진 이유는 소셜 미디어가 관심 지표 interest graph를 중심으로 발전하고 있기 때문인데요. 관심 지표란 관심사를 기반으로 집합을 구축하는 관계 형성 방식을 뜻합니

방식	사회적 지표	관심 지표
관계 형성	인맥 기반의 네트워크 구축	관심사 중심의 집합 구축
콘텐츠 노출	팔로잉 기반으로 노출	크리에이터 인게이지먼트로 알고리즘화
콘텐츠 소비	팔로잉 콘텐츠 우선 소비	관심사 콘텐츠 우선 노출 및 탐색
콘텐츠 확산	유저 공유로 형성	크리에이터 주도로 확산

| 사회적 지표와 관심 지표 비교 |

다. 관심 지표 기능의 대표적인 예시는 알고리즘, 즉 유저 개개
인의 관심사에 맞춰 정교하게 최적화된 콘텐츠를 추천하는 기능
입니다. 유저들은 알고리즘의 추천에 따라 콘텐츠를 소비하는
동시에 유사한 관심사를 가진 유저들과 집합을 이루게 됩니다.
이를테면 BTS의 무대 영상에는 케이팝을 좋아하는 유저들이, 손
흥민의 경기 하이라이트 영상에는 축구를 좋아하는 유저들이 모
이죠.

　물론 소셜 미디어가 처음부터 관심 지표를 기반으로 움직였
던 것은 아닙니다. 초기에는 SNS라는 이름이 시사하는 바와 같
이 인맥을 기반으로 하여 형성되는 유저들의 네트워크가 핵심이

Social →← Interest

		카카오톡	페이스북	X(구 트위터)	유튜브	인스타그램	틱톡
소통		강함	강함 → 약함	강함	약함	약함 → 강함	약함
크리에이터			정보형	• 정서형 • 정보형	• 정서형 • 정보형 • PD형 • 세계관형	• 정서형 • 정보형	• 정서형 • 정보형
콘텐츠	기능	오픈채팅방	추천 기반 타임라인	• 리트윗 실시간 트렌드 • 타 플랫폼 콘텐츠 공유 용이	• 알고리즘 기반의 메인 화면 • 쇼츠	• 피드 내 추천 게시물 • 릴스 • 해시태그	• 알고리즘 기반의 메인 화면 • 비선택적 콘텐츠 노출
	속성	유통과 공유 중심	유저 중심 < 채널 중심	• 유저 간 교류 활발 • '트친(트위터 친구)' 간 유대감 높음	분야별 크리에이터의 전문성 높음	Social용 본계정과 Interest용 부계정 동시 운영	카테고리의 다양성 및 전문성 낮음
커머스		• 카카오 쇼핑하기 • 선물하기	페이스북 샵		유튜브 쇼핑	인스타그램 샵	틱톡 샵

| 중심 지표 변화에 따른 플랫폼 변천 |

었죠. 우리는 이러한 관계 형성 방식을 사회적 지표social graph라고 정의합니다.

페이스북이 2004년 교내 커뮤니티로 처음 시작되었던 때를 떠올려볼까요. 당시 페이스북은 대면 환경에서 구축한 인맥을 비대면 네트워크로 확장하는 것에 집중한 서비스였습니다. 그러나 점차 온라인에서 접할 수 있는 콘텐츠의 범주가 넓어지고, 유저들의 관심사도 다변화되었습니다. 인맥만을 기반으로 하는 네트워킹 서비스의 매력도는 자연스레 낮아질 수밖에 없었죠.

그래서 기존에는 사회적 지표를 중심으로 운영되던 플랫폼 또한 관심 지표 기능을 강화하고 있습니다. 대표적인 사회적 지표 미디어라고 할 수 있는 카카오톡은 계속해서 '오픈채팅' 기능을 강화하고 있고요. X(구 트위터) 또한 상호 팔로우가 되어 있지 않은 유저의 콘텐츠도 타임라인에 노출하는 추천 탭 'For You'를 개설했습니다.

크리에이터가 시장 내 주요 생산자로 부상하게 된 것도 비슷한 맥락입니다. 플랫폼의 주축이 사회적 지표에서 관심 지표로 옮겨 가면서 크리에이터들은 자신이 만든 창작물을 한정된 인맥이 아닌 전 세계 유저에게 공유할 수 있게 되었습니다. 트래픽 확보가 그 자체로 원동력이 되기도 하고 나아가 수익을 얻는 것도 가능해졌고요. 크리에이터의 콘텐츠를 소비하고자 하는 유저들이 플랫폼에 모여들수록 관심 지표는 더욱 강화되죠.

이제 관심 지표는 미디어를 넘어 커머스의 영역까지 뻗어나가고 있습니다. 인스타그램 공구(공동구매)는 하나의 고유한 시장으로서 그 위상을 굳혀가고 있고, 틱톡은 동남아시아권을 중심으로 커머스 플랫폼으로서 두드러지는 성장세를 보여주고 있는데요. 이러한 플랫폼들의 변화를 관심 지표의 관점에서 살펴보고, 마케팅 측면에서 어떻게 활용할 수 있을지 짚어보고자 합니다.

카카오톡 오픈채팅 & 인스타그램 공지 채널

카카오톡은 대표적인 사회적 지표 미디어입니다. 특히 2023년 기준 국내 스마트폰 사용자 5,120만 명 중 94퍼센트가 사용할 정도로 보편화된 만큼 국내 사용자들에게 필수 서비스로 자리 잡았죠. 카카오톡 친구 목록은 모바일 기기에 있는 전화번호부보다 더 편리하고 확실한 연락망이 되었고, 프로필 사진 업데이트나 생일 알림 등의 기능을 통해 타인의 근황을 가장 빠르게 확인할 수 있는 수단으로 활용되고 있습니다.

하지만 이제 사회적 지표, 즉 '친구나 가족 등 지인과 메시지를 주고받는 미디어'의 역할만으로는 새로운 수익 모델을 발굴하기 어려워졌습니다. 그래서 카카오톡은 메신저라는 플랫폼을 기본 형태로 하되 유저들이 소통 영역을 기존 인맥 밖으로 확장하도록 유도함으로써 관심 지표를 창출하고 있습니다.

그 대표적인 기능이 바로 오픈채팅 서비스입니다. 오픈채팅

| 카카오톡 오픈채팅 |

이란 친구로 추가되지 않은 사용자와 메시지를 주고받을 수 있는 채팅방 서비스인데요. 2015년 처음 도입될 당시 오픈채팅 기능의 소구 포인트는 편리성과 익명성이었습니다. 서로 번호나 아이디를 교환하는 과정 없이 링크 하나만으로 대화를 시작할 수 있으니 간편하고, 타인에게 자신의 개인 정보가 포함된 프로필을 노출하지 않아도 된다는 것이 주된 특장점이었죠.

오픈채팅은 출시 이후 약 8년 동안 채팅 탭에 함께 표시되었습니다. 그런데 2023년 5월, 카카오는 이를 별도의 탭으로 분리했는데요. 그 이유가 단순히 유저에게 편리성과 익명성이라는 편익을 제공하기 위해서만은 아닐 겁니다. 오픈채팅은 사람과 사람을 잇는 메신저에서 더 나아가 관심사가 비슷한 사람끼리 모일 수 있는 커뮤니티로 그 영역을 넓혀가고 있습니다.

오픈채팅 탭 내에는 '지금 뜨는' 이라는 세부 카테고리가 있는데요. 해당 카테고리에서는 자신이 속한 채팅방 외에도 다른 유저들이 많이 참여하고 있는 채팅방을 확인할 수 있습니다. 오픈채팅이 별도 탭으로 분리되기 이전에는 관심 있는 키워드의 오픈채팅에 참여하기 위해 다른 소셜 미디어 등에서 어떤 채팅방이 있는지 검색하거나 직접 참여자를 모아야 했는데요. 이제는 카카오톡 내에서도 손쉽게 관심사 기반의 커뮤니티에 참여할 수 있게 된 것이죠.

혹시 오픈채팅에 익숙하지 않다면 이런 기능을 유저들이 실제로 얼마나 활용하는지 의문을 가질 수도 있습니다. 실제로 오픈채팅 탭 신설 이후 오픈채팅의 DAU*는 약 300만 명 증가했습니다. 별도 탭이 없었던 2023년 1분기의 DAU가 약 900만 명이었던 것을 고려하면 두드러지는 성과입니다.

한편 인스타그램은 2023년 6월 다이렉트 메시지 기능을 기반으로 한 커뮤니티 기능, '공지 채널broadcast channel'을 전 세계에 적용했습니다. 이름 그대로 크리에이터가 공지를 비롯한 소식들을 업로드하며 팔로워와 긴밀하게 소통할 수 있게 된 겁니다. 크리에이터의 공지 채널에 입장한 유저들은 직접 메시지를 업로드할 수는 없지만 설문 응답이나 이모지 반응을 남기는 등의 참여가 가능합니다.

물론 기존 인스타그램 피드나 스토리에서 이와 같은 일대다 소통이 불가능했던 것은 아닙니다. 하지만 공지 채널은 팔로워 중에서도 크리에이터와의 긴밀한 소통에 니즈가 있는 이들만 모인 소통 창구라는 의의가 있습니다. 즉 크리에이터를 중심으로

* Daily Active Users의 약자로, 일간 활성 사용자를 뜻한다.

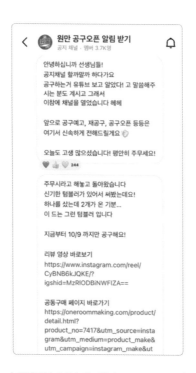

| 원룸만들기 인스타그램 @oneroom.make |

형성된 관심 지표 커뮤니티라고 할 수 있는데요. 크리에이터에 대한 주목도나 애정도가 높은 이들만 모인 공간인 만큼 공지 채널에만 한정 콘텐츠를 업로드하는 등 다양한 방식으로 활용되고 있습니다.

　이러한 특징 덕분에 공지 채널은 크리에이터뿐 아니라 브랜드에게도 유용한 마케팅 채널로 각광받으며 활발하게 사용되고 있습니다. 자취생을 위한 쇼핑몰인 원룸만들기의 경우 인스타그램 계정에 공지 채널 '원만 공구오픈 알림 받기'를 개설했습니다. 원룸만들기는 젊은 1인 가구를 타깃으로 가성비가 뛰어난 생활용품을 판매하는 브랜드로, 쇼핑몰에서 진행하는 공동 구매 소식을 공지 채널로 전달했습니다. 메시지 내에는 공동 구매 페이지 링크뿐만 아니라 실제 제품 리뷰 영상 링크도 함께 첨부했는데요. 이로써 공지 채널 메시지는 단순 광고가 아니라 브랜드 콘텐츠의 연장선처럼 자연스러운 맥락으로 전해질 수 있었습니다.

유튜브 인기 급상승 동영상

유튜브에는 다른 유저들이 많이 시청한 영상을 소개하는 큐레이션 탭이 있습니다. 바로 '인기 급상승'인데요. 인기 급상승 동영상은 조회수 외에도 조회수 증가 속도, 업로드 기간 등 다양한 요소를 종합적으로 고려하여 선정되며 같은 국가의 유저는 모두 같은 영상 목록을 보게 됩니다.

사실 어떤 콘텐츠가 인기 급상승에 오를 수 있을지 여부를 객관적으로 가늠하기는 쉽지 않습니다. 유튜브에서 그 선정 기준을 명확하게 공개하지 않았기 때문인데요. 그럼에도 사람들이 많이 방문하는 '핫플(핫플레이스)'이라면 꼭 방문해보고 싶은 것처럼 가장 트렌디한 콘텐츠를 찾아보고자 하는 니즈를 충족해주는 기능임은 확실하죠.

인기 급상승 동영상은 크리에이터들에게 '인급동'이라는 줄임말로 불리는데요. 인급동은 매력적인 콘텐츠 제작을 위해 반드시 파악해야 할 지표가 되었습니다. 인기 급상승 동영상 중 높은 순위에 오른 콘텐츠들을 분석함으로써 콘텐츠의 방향성을 설정할 수 있죠. 예컨대 인기 급상승 동영상 1위에 오른 콘텐츠의 댓글을 통해 유저들이 어떤 콘셉트에 긍정적인 반응을 보이는지, 기존 구독자 외에 새롭게 유입된 시청자들은 어떤 포인트에 매력을 느꼈는지 등에 대한 인사이트를 얻을 수 있겠죠. 따라서 한번 순위에 오른 콘텐츠 소재는 그다음에도 순위에 오를 확률이 높습니다.

1년 동안 업로드한 콘텐츠를 모두 인기 급상승 동영상에 올린 사례도 있습니다. B급 감성의 독창적인 콘텐츠로 인기를 얻은 유튜브 크리에이터 〈발명! 쓰레기걸〉인데요. 2021년에 업로드한 콘텐츠 총 16편이 전부 인기 급상승 동영상에 올랐죠. 이 채널에서 특히 눈에 띄는 점은 영상 업로드 빈도가 높지 않음에도 모든 콘텐츠가 구독자 수 대비 높은 조회수를 달성했다는 사실입니다.

물론 이는 콘텐츠의 독창성과 퀄리티가 뛰어나기에 이룰 수 있었던 성과이지만, 시청자들의 니즈를 정확하게 파악한 것 또한 중요한 성공 요인으로 꼽을 수 있습니다. 타깃이 선호하는 콘텐츠의 톤 앤드 매너와 퀄리티를 일정하게 유지하면서 콘텐츠를 확장했기에 꾸준히 좋은 반응을 얻을 수 있었던 것이죠.

또한 인기 급상승 동영상은 알고리즘의 영향을 받지 않는다는 사실도 눈여겨봐야 합니다. 유튜브는 개인 맞춤화된 알고리즘으로 유명하지만 인기 급상승 동영상은 그렇지 않습니다. 같은 국가의 시청자라면 모두가 같은 영상 목록을 보게 되니 접점이 없던 시청자와 채널이 서로를 새롭게 탐색할 수 있는 좋은 기회가 됩니다.

관심 지표를 활용한 틱톡 샵

틱톡은 철저하게 관심 지표를 기반으로 성장한 미디어입니다.

틱톡의 For You 탭에서는 좋아요 등의 인터랙션, 팔로잉 계정, 디바이스 유형 등 다양한 요소를 고려해 각 유저에게 최적화된 콘텐츠를 노출합니다. 이러한 추천 알고리즘의 정교함은 틱톡만이 가진 막강한 경쟁력으로 꼽히죠. 콘텐츠를 적극적으로 탐색하지 않아도 새로운 콘텐츠를 발견하고 관심사의 영역을 확장할 수 있도록 카테고리의 다양성까지 고려합니다.

이러한 매력 덕분에 틱톡은 빠른 속도로 유저 트래픽을 확보했고, 이를 기반으로 커머스 영역으로까지 확장하고 있습니다. 틱톡은 현재 이커머스 플랫폼인 '틱톡 샵 TikTok Shop'을 운영하고 있는데요. 국내에는 생소한 플랫폼이지만 해외에서는 점차 영향력을 넓혀가고 있습니다.

틱톡 샵이란 틱톡 내에서 운영되는 온라인 쇼핑 플랫폼입니

| 틱톡 샵 |

다. 틱톡 크리에이터는 일정 조건 충족 후 틱톡 샵을 열 수 있고, 브랜드가 직접 자체 틱톡 샵을 개설할 수도 있습니다. 틱톡에서 콘텐츠를 통해 제품 설명, 가격 정보, 리뷰 등을 확인한 후 즉시 구매까지 이어지도록 유도합니다.

틱톡 샵은 판매업체의 수수료를 기반으로 수익을 내는 구조 인데요. 2024년 상반기 기준 동남아 6개국(인도네시아, 베트남, 말레이시아, 필리핀, 싱가포르, 태국)과 영국, 미국 등 8개국으로 서비스 영역을 확대해가며 상승 곡선을 타고 있습니다. 특히 베트남 시장에서의 상승세가 두드러지는데, 2023년 2분기에는 베트남 정식 출시 후 약 1년 만에 매출액 16조 3,000억 동(한화 약 8,500 억 원)을 기록하며 베트남 전자상거래 시장에서 시장 점유율 2위 (17.6퍼센트)에 올랐죠.

이와 같은 성장은 모바일 환경에서 미디어의 활용이 계속해서 다양해지고 있음을 시사합니다. 그만큼 디지털 환경에서 수익을 올리고자 할 때 모바일의 중요도는 여전히 그 명성을 유지하고 있기도 하고요. 그 이유는 단순히 모바일을 대체할 만한 혁신 기술이 아직 등장하지 못했기 때문만은 아닙니다.

먼저 기존의 디바이스 고도화 과정을 살펴볼까요? 유저가 디바이스를 활용하는 목적 혹은 방식은 메신저, 미디어, 커머스 순으로 확장돼왔습니다. 이는 유저들의 디바이스에 대한 이해도와 맞닿아 있기도 합니다. PC 혹은 모바일을 활용해 지인과 메시지를 주고받는 유저, 나아가 온라인상에서 콘텐츠를 탐색하고 감상하기도 하는 유저, 그리고 상품까지 구매하는 유저는 그 순서대로 높은 관여도를 가지는 것처럼요.

틱톡 또한 유사한 고도화 과정을 거치고 있다고 볼 수 있습니다. 기존의 틱톡은 숏폼 콘텐츠를 중심으로 한 미디어였습니다. 그런데 틱톡 샵을 시작으로 커머스 영역에서 확장을 이어가고 있죠.

틱톡 샵이 틱톡 앱에서 입점 브랜드가 제품을 판매하는 서비스라면, 틱톡이 직접 자사 제품을 판매하는 서비스도 눈길을 끕니다. 2023년 하반기에는 틱톡의 모기업인 바이트댄스ByteDance가 직접 제품을 판매하고 수익을 얻는 '트렌디 비트Trendy Beat'를 선보였습니다. 틱톡 영상에서 인기가 입증된 상품 카테고리를 확인하고, 바이트댄스가 이를 인수하거나 제조할 수 있게 한 전자상거래 시스템입니다. 틱톡의 자체 공급망을 통해 유저 트래픽을 커머스로 확장하겠다는 시도였죠. 기존에도 유저들의 검색 기록 등을 활용한 타깃 광고는 커머스 업계에서 활발하게 사용돼왔는데요. 틱톡과 같이 관심 지표를 활용해 직접적인 구매 전환을 일으킨 사례는 많지 않습니다.

2023년 1월 인스타그램이 앱에서 쇼핑 탭을 제거하고, 같은 해 8월 페이스북이 라이브 쇼핑 관련 업데이트를 중단한 상황에서 틱톡은 커머스 영역으로의 확장을 공격적으로 추진하고 있습니다. 영향력 있는 크리에이터들이 틱톡에서 콘텐츠를 생산하고, 더 많은 유저가 틱톡 콘텐츠를 소비하게 된다면 어떨까요? 글로벌 시장에서 입증된 성공 공식은 국내에서도 유효할까요?

자아 큐레이션

Identity Curation

유튜브로 '이상적 자아'를
큐레이팅하는 법

가장 나다운 나를 정의하는 방식

누구나 가장 나답되, 가장 이상적인 자아를 찾고 싶어합니다. 더에스엠씨 콘텐츠연구소는 2021년 출간한 《콘텐츠 머니타이제이션》에서 이를 '베스트 아이덴티티best identity'라고 정의했는데요. 사람들이 베스트 아이덴티티, 즉 최상의 자아를 찾기 위해 적극적으로 행동하며 투자를 아끼지 않는 현상을 뜻합니다.

그렇다면 소셜 미디어 유저들은 자신의 아이덴티티를 어떻게 정립하고 있을까요? 유저들이 자신을 어떻게 소개하고 있는지를 살펴보면 쉽게 알 수 있습니다. 과거에는 직업, 거주지, 학

48

력, 고향으로 프로필을 구성했습니다. 취업 준비생이 자기소개서를 쓸 때에도 가장 앞부분에는 인구통계학적 요소를 기반으로 개인 정보를 기재했죠. 하지만 최근에는 개인의 관심사에 초점을 맞추어 자신을 소개합니다. 이를테면 경험, 취미, 선호 혹은 불호처럼요. 그래서 오늘날 가장 이상적인 자아는 '베스트best'가 아닌 '큐레이션curation'에 더 가까워지고 있는데, 단순히 최상인 것이 아니라 자신에게 최적화된 자아를 추구하는 것입니다.

우리는 이러한 자아 형성 방식을 자아 큐레이션identity curation이라고 정의합니다. 사회적 맥락 속에서 능력, 태도, 느낌을 포함한 자신에 대한 주관적인 인식 개념을 스스로 수립해나가는 것인데요. 많은 자료나 정보를 분류하여 그중 유의미한 것, 중요한 것을 선별하여 제공하는 서비스를 큐레이션이라고 하죠. 이처럼 유저들은 여러 크리에이터로부터 자신에게 유의미한 것만을 선별한 후, 마치 퍼즐처럼 알맞게 배열하여 하나의 자아를 만들어나갑니다.

몇 년 전만 해도 누군가에 대해 가장 빠르게 파악할 수 있는 방법은 그 사람의 인스타그램을 확인하는 것이었습니다. 인스타그램에서 프로필 사진, 피드 사진, 댓글 등을 살펴보면 인맥부터 취미까지 다양한 정보를 알 수 있으니까요. 그런데 이제는 조금 더 확실하고 솔직한 자아 큐레이션을 알아볼 수 있는 방법이 있습니다. 바로 유튜브 구독 채널을 기반으로 한 알고리즘을 확인해보는 것입니다.

그렇다면 어떻게 유튜브 알고리즘이 이처럼 누군가의 가장 내밀한 자아를 파악할 수 있는 척도가 되었을까요? 우리는 왜 누군가가 생산한 콘텐츠가 아니라 소비한 콘텐츠를 통해 그 사람을 이해할 수 있을까요? 그 이유를 자아 큐레이션이라는 키워드와 크리에이터의 영향력을 중심으로 살펴보고자 합니다.

준거집단으로서의 크리에이터

사람들은 유사한 특성이나 공감대를 지닌 준거집단 내에서 서로 영향을 주고받습니다. 일반적으로 준거집단에는 가족, 친구, 직장 동료 등이 있지만 관심사가 유사한 소셜 미디어 유저 간에도 꽤 강력하고 긴밀한 유대 관계가 형성됩니다. 이 관계에서 자아를 형성하고 개혁하는 창의적인 과정을 즐기기도 하고요.

다만, 이때 상호성은 필수 조건이 아닙니다. 예를 들어 친구 관계가 성립되려면 자신과 상대방 모두가 서로를 '친구'라고 인

최수희(가명)

25세 여자, 1년 차 신입 마케터
- 추구미: #갓생러 #트렌드세터 #자취고수
- 특징: #사회초년생 #다이어터 #자취초보

콘텐츠 소비 유형

정보형	정서형
'추구미' 달성을 위한 지식 습득	대리 경험을 통한 희로애락의 정서 충족

리뷰	레시피	여행	먹방
전문성 있는 제품 비교 검증	다양한 요리에 도전하기	바쁜 일상으로 미뤄둔 여행을 대리 경험	식단 관리를 하는 대신 대리 만족
• 〈디렉터 파이〉 • 〈소신사장 SoshinTV〉	• 〈자취요리신 simple cooking〉 • 〈하루한끼 one meal a day〉	• 〈여락이들_〉 • 〈원지의하루〉	• 〈나도Nado〉 • 〈[햄지]Hamzy〉

| 정보형/정서형 크리에이터 구분 |

식해야 합니다. 그리고 유대감을 쌓아가며 차츰 서로 간에 영향을 주고받게 되죠. 그런데 이제는 한 개인이 특정 크리에이터의 콘텐츠를 접함으로써 일방적으로 영향을 받는 일이 자연스러워

졌습니다. 특정 크리에이터를 구독하고 그 콘텐츠를 지속적으로 소비하는 과정에서요.

그렇지만 유저들이 자신이 접하는 모든 크리에이터에게서 영향을 받는 것은 아닙니다. 한 명의 유저는 관심 지표를 기반으로 여러 카테고리의 크리에이터를 구독합니다. 그러나 그들의 수많은 특성을 모두 수용하여 뭉뚱그리는 것이 아니라 일부만을 선별적으로 수용합니다. 가족과 친구에게서 영향을 받는 부분이나 강도가 각각 다른 것처럼요.

이때 준거집단으로서의 크리에이터는 크게 '정보형'과 '정서형'으로 나눌 수 있습니다. 주의해야 할 점은 어떤 크리에이터가 어떤 카테고리에 속하는지 절대적인 기준으로 구분할 수 없다는 것인데요. 이는 나 자신이 어떤 준거집단의 구성원인지 한 가지로 단정하여 말할 수 없는 것과 같은 이치입니다. 우리는 누군가에게는 가족이지만 누군가에게는 친구이고, 또 누군가에게는 직장 동료이기도 하죠. 크리에이터 또한 누군가에게는 유용한 정보를, 누군가에게는 희로애락의 정서를 전달합니다.

구독을 통해 가까워지는 추구미

정보형 크리에이터는 말 그대로 유저가 자신에게 필요한 정보를 얻고자 할 때 찾는 크리에이터 집단을 의미합니다. 이때 정보가 의미하는 바는 사람마다 다릅니다. 예를 들어 요리 크리에이터의 영상이 누군가에게는 레시피를 전달하는 정보성 콘텐츠이지만, 누군가에게는 정보가 아닌 시각적 대리 만족을 제공하는 콘텐츠일 수도 있죠.

특히 자신의 자아를 형성하는 양분으로서 필요한 '정보'는 단순한 사전적 정의 이상의 의미를 가지게 되었는데요. 기존 유저들이 소셜 미디어상에서 추구하는 자신의 모습은 '인스타그래머블instagramable'이라는 표현과 밀접했습니다. 자신의 베스트 아이덴티티를 설정한 후, 이를 소셜 미디어에 전시하는 방식으로 표현했기 때문이죠. 예컨대 인스타그램에 올리는 이미지와 스토리를 감성적인 무드로 통일하거나, 틱톡에서 필터나 음악적 효과를 활용해 키치한 감성을 주입하는 거죠. 그렇게 보일 만한 콘텐츠를 선별하고 편집하는 것이 자아를 만들어가는 과정이었고요.

그런데 최근에는 구현 가능한 자아에서 한 발짝 더 나아가 자신이 목표로 하는 자아를 좇는 움직임이 눈에 띕니다. 아직은 본인이 추구하는 형태에 가깝지 않지만 그것을 향해 나아간다는 뜻으로 '추구미'라는 신조어가 생기기도 했죠. 초창기에는 미적 스타일이나 이미지를 뜻했지만, 점차 패션, 뷰티, 음악, 미술 등 취향이 드러나는 모든 분야로 확장해 사용되고 있는데요. 이전 과 다른 게 있다면 전시보다는 경험으로 그 주축이 옮겨 왔다는 점입니다.

유저는 누군가에게 보이는 피드뿐만 아니라 나만 볼 수 있는 구독 목록에서도 자신이 추구하는 자신의 모습을 완성하고자 합니다. 책 읽는 모습을 사진으로 남기는 것처럼 책의 내용을 간략하게 요약해주는 크리에이터를 구독하는 것이죠.

이러한 니즈 덕에 지식 교양 크리에이터들이 성장하게 되었습니다. 2021년 유튜브 코리아가 유튜브 8대 트렌드를 선정할 때만 해도 '지식정보형 채널의 부상'이라는 표현이 사용되었는데, 이제는 〈조승연의 탐구생활〉이나 〈셜록현준〉과 같은 지식정보형 채널이 구독자 100만 명이 훌쩍 넘는 메이저 채널로 자리 잡았습니다.

〈조승연의 탐구생활〉의 구독자 '궁그미'들과 〈셜록현준〉의 '왓슨'으로 불리는 구독자들은 보통 어떤 아이덴티티를 추구하는 경향이 있을까요? 크리에이터가 이들의 자아 큐레이션에 영향을 미치는 준거집단의 역할을 했다는 점을 감안한다면 답은 명확해집니다. 이는 곧 구독자라는 소셜 서클이 취향과 라이프스타일 등이 유사한 타깃을 이루는 군집이 된다는 결론으로 이어지고요.

예를 들어 〈조승연의 탐구생활〉에서는 글로벌 패션 브랜드 띠어리의 광고를 진행했는데요. 뉴욕 첼시에서 발전한 패션의 역사를 설명하며 자연스럽게 띠어리의 제품을 소개합니다. 미니멀리즘이라는 브랜드 콘셉트를 뉴욕 패션의 역사와 함께 풀어냈는데, 이는 조승연이라는 크리에이터가 가지고 있는 세련되고 현대적인 이미지와 잘 맞물립니다. 평소 영상에서 그가 보여줬던 패션도 항상 심플한 스타일이었기에 더욱 진정성 있게 다가오고요.

대리 만족 이상의 경험

유튜브 콘텐츠의 하단에서는 '보기만 해도 좋다'와 같이 만족감을 표현하는 댓글을 쉽게 찾아볼 수 있습니다. 그리고 다음에는 어떤 콘텐츠를 보고 싶다는 댓글을 통해 또 다른 대리 만족 욕구의

표출도 지속적으로 이루어지죠. 이처럼 크리에이터의 콘텐츠를 통해 대리 만족을 한다는 것은 꽤 익숙한 이야기입니다.

자아 큐레이션을 형성하는 과정도 유사합니다. 유저들은 크리에이터의 콘텐츠를 통해 대리 경험을 하는데요. 콘텐츠를 통해 자신이 경험해보지 않은 세계를 간접적으로 겪음으로써 견문을 넓히는 것입니다. 여기에는 특별한 경험도 있고, 그다지 특별하지 않은 경험도 포함될 겁니다.

먼저 특별한 경험으로는 여행이 있습니다. 코로나19로 인해 외출조차 쉽지 않던 시기에 전 세계를 누비는 여행 유튜버의 콘텐츠는 많은 시청자들의 주목을 받았는데요. 특히 대리 만족 이상의 경험을 제공하는 크리에이터들이 이목을 끌었습니다. 이들은 단순히 풍경이 아름다운 곳이나 유명한 관광지를 소개하는 콘텐츠가 아니라 독특한 테마가 있는 콘텐츠를 제작하죠.

일반적으로 해외여행이라고 하면 미리 계획을 세운 후 유명 관광지를 부지런히 방문하는 경우가 많습니다. 해외에 나가는 것은 큰 비용이 드는 일인 만큼 최대한 알찬 시간을 보내고 싶은 것이 자연스러운 심리니까요. 하지만 여행 유튜버 원지의 채널 〈원지의하루〉 속 콘텐츠에서는 이런 모습을 찾아볼 수 없습니다.

그의 여행 경험은 일상적이거나 럭셔리하지 않습니다. 오히려 1인 크리에이터형 〈걸어서 세계속으로〉나 〈극한직업〉을 연상하게 합니다. 미국에서 서른네 시간 동안 슬리핑 기차를 타고 도착한 시애틀에서 열 시간 만에 관광을 끝내고 돌아올 정도로 예측 불가능하기도 하고요. 이러한 모습을 보며 시청자들은 여행에서 얻을 수 있는 경험, 혹은 삶을 살아가는 마음가짐 등에 대해 새로운 가치관을 수립하게 됩니다.

한편 특별하지 않아 더 유의미한 대리 경험도 있습니다. 바로 연애인데요. 누구나 보편적으로 공감할 수 있는 감정을 메인으로 다루는 연애 프로그램이 꾸준히 인기를 얻고 있습니다. 이

| 유튜브 채널 〈투자로그인 by NH투자증권〉 |

별한 커플들이 새로운 연인을 찾는다는 콘셉트의 〈환승연애〉, 결혼이 간절한 솔로들이 짝을 찾는다는 콘셉트의 〈나는 SOLO〉 등 그 종류도 다양하죠.

연애 프로그램은 시청자들의 연애에 대한 호기심과 궁금증을 충족해주는 역할을 합니다. 연애 감정, 혹은 연애에 수반되는 다양한 감정은 많은 사람이 공통으로 경험할 수 있는 것들입니다. 그만큼 시청자는 출연진의 감정에 쉽게 공감하며 몰입할 수 있죠. 프로그램 내에서 제시되는 다양한 상황 속에서 그들의 선택이나 판단을 지켜보고, 앞으로의 전개를 예측하기도 하고요.

이상적인 나를 재구성하다

유저들이 이렇게 공들여 형성한 자아 큐레이션의 특징은 바로 유연성입니다. 특정 환경이나 상황적 요구에 맞게 자신의 아이덴티티를 구성하는 요소들을 조정한다는 뜻인데요. Z세대나 알파 세대의 경우 상황에 따라 자신이 누구인지에 대해 다르게 이야기하는 경우가 허다합니다.

특히 크리에이터의 영향을 많이 받는 소셜 미디어 유저일수록 그 유동성이 더욱 큽니다. 크리에이터 생태계가 1~3년 주기로 빠르게 변화하기 때문인데요. 이는 자아 큐레이션에 영향을 주는 크리에이터가 교체되어서일 수도 있고, 자아를 완전히 새롭게 큐레이션해서일 수도 있습니다.

나아가 유저들은 새로운 자아를 확고히 하기 위해 브랜드 이미지를 활용하기도 합니다. 자신이 중요하게 여기는 속성에 잘 어울리는 브랜드만을 고르는 것인데요. 어떤 브랜드의 제품을 사용하는지 또한 자신의 자아를 구성하는 하나의 요소이기 때문이죠.

크리에이터를 활용한 마케팅에서도 마찬가지입니다. 마케팅 효과를 높이기 위해 브랜드 타깃층이 높은 가치를 매기는 속성이 무엇인지 발견하고 해당 니즈를 충족할 수 있는 전략을 고민해야 합니다. 예를 들어 애플워치에서 가장 중요한 속성이 기능인 유저를 타깃으로 한다면 헬스 크리에이터를, 감성인 유저를 타깃으로 한다면 패션 크리에이터를 선정해서 협업해야겠죠.

헤비 팔로워

Heavy Follower

유튜브에서 '구독'보다
'알림 설정'이 더 중요한 이유

구독자 수는 피상적이다

오랜 시간 유튜브 크리에이터의 성공 지표는 구독자 수, 총 영상 재생 시간 등 양적 지표로 대변되었습니다. 특히 팬데믹으로 인해 플랫폼 자체의 유저 수와 이용 시간이 가파르게 증가하면서 많은 크리에이터들이 수치적 성장을 이루기도 했죠. 약 5년 전만 해도 크리에이터가 구독자 100만 명을 모아 골드 버튼을 받는 것이 굉장히 드문 일이었지만 이제 몇백만에서 천만 단위의 구독자를 보유하는 경우가 많아진 것만 봐도 알 수 있습니다.

그렇기 때문에 앞으로의 크리에이터 시장에서는 양적 지표만을 고려한 전략이 점점 경쟁력을 잃어갈 겁니다. 이미 상향 평준화된 수치 사이에서 더 높은 수치를 달성하는 것은 매우 어렵기도 하고, 이목을 끌 만한 차별화 포인트로 활용하기에 구독자 수는 너무 흔한 이야기가 되기도 했죠.

이제 고려해야 할 것은 방향입니다. 기존의 양적 지표는 '높이'로 나타낼 수 있습니다. 이용 시간과 유저 수가 증가하면 성과 지표 그래프는 우상향 그래프를 그리니까요. 현재 시점에서 그래프의 꼭짓점이 높은 위치에 있을수록 유의미한 성장을 이루었다고 할 수 있죠.

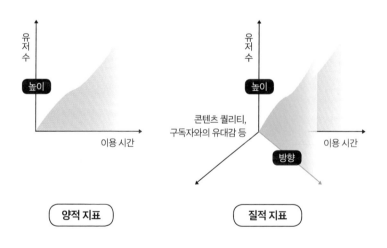

| 양적 지표와 질적 지표 비교 |

질적 지표는 수치를 활용해 평면 도표로 나타낼 수 있는 양적 지표와는 다릅니다. 대표적으로 콘텐츠의 퀄리티가 그렇습니다. '퀄리티가 좋다'는 것은 분명 유저들이 크리에이터를 평가하는 기준이지만, 이를 객관적인 숫자로 나타내기엔 어려움이 있으니까요. 구독자와의 유대감 또한 마찬가지이고요. 이러한 지표는 3차원 공간에서의 벡터와 같습니다. 좌표를 중심으로 어느 방향으로든 뻗어나갈 수 있기에 방향성을 잘 설정하는 것이 중요하죠.

질적 지표의 중요성은 점차 커지고 있습니다. 즉 구독자를 많이 모으는 것보다 깊이 있는 구독자를 확보하는 것이 크리에이터로서의 성공에 더 중요한 열쇠가 된 것인데요. 핵심은 유저가 콘텐츠를 단편적으로 시청하고 스쳐 지나가지 않게 붙잡는 것입니다. 콘텐츠를 시청한 후 구독 버튼을 누르고, 나아가 알림 설정을 켜서 매번 새로운 콘텐츠를 접할 수 있도록 하는 것이죠.

이는 브랜드가 충성 고객을 확보하기 위해 다양한 마케팅 전략을 수립하는 것과 같은 이치입니다. 그렇다면 어떻게 해야 구독자와의 유대감을 높여 '충성 고객'을 모을 수 있을까요? 그 전략을 크리에이터와 구독자 간의 관계를 중심으로 살펴보고자 합니다.

구독자의 4단계 구분

크리에이터의 구독자는 라이트 팔로워light follower, 헤비 팔로워 heavy follower, 팬fan, 그리고 팬덤fandom으로 구분할 수 있습니다. 팬 덤 쪽으로 갈수록 크리에이터와 더 긴밀한 관계를 맺고 있죠.

먼저 팔로워와 팬의 구분점은 크리에이터에 대한 관여도입 니다. 팬이란 특정 대상에 자본, 시간 등을 적극적으로 쏟는 이들

| 구독자의 4단계 구분 |

을 칭하는 말입니다. 물론 흔히 '팬심'이라고 부르는 애정 기반의 감정을 기준으로 했을 때 조금 더 폭넓은 정의도 가능합니다. 하지만 감정이란 주관적인 것이어서 일관적인 기준으로 삼기는 어렵죠. 이때 크리에이터의 팬을 구분할 수 있는 지표로 활용할 수 있는 것이 소속감입니다.

크리에이터는 콘텐츠나 플랫폼의 특성에 따라 다르지만 대부분 누구나 무료로 볼 수 있는 무형의 콘텐츠를 제공합니다. 앨범, 콘서트, 팬미팅 등 유료 콘텐츠가 이미 고도화된 시스템으로 자리 잡은 엔터테인먼트 업계와는 다소 차이가 있죠. 그래서 크리에이터의 팬이 형성된다는 것은 독특한 현상처럼 여겨지기도 합니다. 이는 크리에이터의 팬 수가 적거나 그 관여도가 낮기 때문이 아니라 크리에이터의 팬으로서 참여할 수 있는 이벤트 등이 아직 엔터테인먼트 업계만큼 대중화되지 않았기 때문입니다.

그럼에도 크리에이터의 메인 콘텐츠 이외에도 추가적인 콘텐츠를 적극적으로 소비하는 이들이 있습니다. 이들은 먼저 알림 설정 기능을 활용해 크리에이터가 업로드하는 콘텐츠를 누구보다 빠르게 확인합니다. 그리고 유튜브를 메인으로 활동하는 크리에이터라면 그의 인스타그램을 추가로 팔로우하기도 하고, 크리에이터가 특정 브랜드와 협업해 출시한 상품을 구매하기도 하죠.

혹은 일부 팔로워에게만 한정으로 제공하는 콘텐츠를 소비하기도 하는데요. 이러한 한정 콘텐츠는 유료 멤버십에 가입하는 형태로 제공되는 경우가 많습니다.

이는 특정 콘텐츠가 많은 유저들의 알고리즘에 노출되어 높은 조회수를 달성해 구독자를 모으는 것과는 또 다른데요. 많은 사람 사이에서 공유되며 화제가 되는 것이 '이슈'라면 특정 인물에 대한 애정을 기반으로 강한 지지를 보이는 이들이 생기는 것은 '현상'이라고 부를 수 있습니다.

이처럼 이슈 이상의 영향력을 발휘하며 팬을 만들기 위한 핵심 요소는 세계관입니다. 유튜브 크리에이터를 4세대로 구분했을 때, 최근에 새롭게 등장한 4세대 크리에이터들은 실제로 존재하는 듯한 캐릭터를 구축해 자체적인 세계관을 형성하는데요. 세계관은 구독자들이 콘텐츠에 더 깊이 몰입하고, 나아가 팬이될 수 있도록 하는 촉매제 역할을 합니다. 대사 한 줄, 소품 하나등 디테일한 요소들을 통해 만들어진 세계관은 시청자들이 콘텐츠에 몰입하게 만들고요. 그 세계관이 콘텐츠 밖으로 이어졌을 때도 자연스럽게 따라오도록 유도하기도 하죠.

대표적인 예시로는 〈나몰라패밀리 핫쇼〉의 '다나카'가 있습니다. '다나카'는 로커의 꿈을 안고 한국에 와 음반을 발매한 일본

| 유튜브 채널 〈나몰라패밀리 핫쇼〉 |

인 콘셉트의 캐릭터입니다. 실제로도 음반을 발매한 것은 물론이고 콘서트를 개최하기도 했는데요. 세계관 설정에 맞게 '첫 내한 콘서트' 콘셉트로 진행되었는데, 전 회차 매진을 기록할 정도로 팬들에게 큰 호응을 얻었죠.

이러한 팬들이 모인 집합을 팬덤이라고 칭합니다. 이들은 일정한 커뮤니티를 형성해 크리에이터에 관한 정보를 공유하거나, 직접 다양한 이벤트를 기획하고 운영하기도 하죠. 나아가 크리에이터 시장 밖에서 사회적 영향력을 미치기도 합니다. 〈피식대학〉의 팬덤인 '피식팸'은 다양한 이벤트를 주최하며 활발하게 활동하고 있는데요. 생일 카페와 같은 행사뿐만 아니라 채널 개설

일을 기념해 기부를 하는 등 그 영향력을 점차 넓혀가고 있죠.

일반적으로 특정 크리에이터의 팬덤이라고 부를 수 있는 구독자는 여러 크리에이터의 팬덤에 동시에 속하지 않습니다. 크리에이터에 대한 애정이 큰 만큼 팬덤에 대한 소속감 또한 높죠. 이러한 특성 때문에 '올드 팬덤old fandom'이 생기기도 합니다. 이는 몇십 년 동안 꾸준히 활동을 이어오고 있는 가수들의 팬덤과 같이 마치 가족처럼 오랜 시간 함께해온 팬덤을 의미하는데요. 앞으로 크리에이터 시장도 엔터테인먼트 이상으로 발전하면서 올드 팬덤 역시 크게 성장할 것으로 예상됩니다.

한편 팔로워를 라이트 팔로워와 헤비 팔로워로 나눴을 때 대부분의 팔로워는 라이트 팔로워에 해당합니다. 이들은 크리에이터를 팔로우 혹은 구독한 후 단어 그대로 가볍게 콘텐츠를 소비합니다.

우리가 주목하고자 하는 것은 헤비 팔로워입니다. 이들은 크리에이터에 대한 관심도, 유대감 등이 대다수의 구독자보다 강한 팔로워라고 정의할 수 있는데요. 채널의 신규 콘텐츠 알림 설정을 해두고 지속적으로 콘텐츠를 접하고자 할 정도로 관심도가 높다는 것이 특징입니다. 또한 크리에이터의 라이프스타일 혹은 전달하고자 하는 메시지 등에 깊이 공감하고, 이를 자신의 자아 큐레이션으로 수용하기도 하죠.

　　또한 콘텐츠에 대한 몰입도도 굉장히 높습니다. 헤비 팔로 워를 다수 확보한 채널인 〈사내뷰공업〉을 예로 들어볼까요. 〈사 내뷰공업〉은 특정 시대를 배경으로 한 콘텐츠로, 그 시대를 거쳐 간 시청자와 공감대를 형성합니다. 2010년대 초반을 배경으로 한 '은정이는 열다섯'의 고등학생 '황은정', 2015년 전후를 배경으 로 한 '청춘다큐 박세은'의 새내기 대학생 '박세은', 2020년대부터 현대까지를 배경으로 한 '다큐 홍유경'의 고등학교 3학년 '홍유경'

| 유튜브 채널 〈사내뷰공업〉 ©파괴연구소 |

이 대표적인 콘텐츠입니다. 이들은 학생이라는 공통점을 가졌지만, 서로 다른 시대 속에 놓여 각각의 시대 감각을 뚜렷하게 나타냅니다. 시대 감각은 여고생 황은정의 '빨간 노스페이스 패딩'이나 홍유경의 '앞머리 고정 헤어 시트' 또는 15학번 새내기 박세은의 '꽃무늬 블라우스'처럼 당대 유행하던 아이템을 통해 나타내기도 하고, 유행하던 노래나 연예인, 말투나 놀이 문화 등 문화적인 요소로 나타내기도 하죠.

이렇게 쌓은 시대 감각은 곧 공감대를 형성합니다. 시청자는 단순한 공감을 넘어 디테일을 포착하고 자신의 경험과 비교해보는데요. 그 시대를 거쳐온 '경험자'이자 '전문가'로서 콘텐츠를 바라보기도 합니다.

브랜드 충성 고객 만들기

크리에이터의 콘텐츠를 처음 접한 순간부터 팬덤이 되는 팔로워는 거의 없습니다. 한 콘텐츠를 통해 크리에이터를 알게 되고, 몇 가지 콘텐츠를 더 살펴본 후 구독이나 팔로우 버튼을 누르고, 나아가 알림 설정을 통해 크리에이터의 새로운 콘텐츠들을 지속적으로 챙겨 보기 시작합니다. 그리고 관심과 애정이 어느 정도 커졌을 때부터 재화를 투자하며 콘텐츠 소비의 영역을 넓혀가죠. 더 나아가 같은 크리에이터를 좋아하는 팬들과 커뮤니티를 형성해 일상에서 크리에이터를 중심으로 한 관심 지표를 확장하기도 합니다.

이처럼 구독자들이 크리에이터와 긴밀한 관계를 맺도록 하려면 알림 설정을 유도해야 합니다. 소비자의 구매 과정을 떠올려볼까요. 소비자가 특정 브랜드 제품을 일회성으로 구매하는 것이 아니라, 브랜드에 애착을 느끼고 반복 구매하게 되었을 때

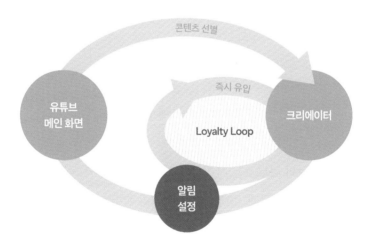

| 로열티 루프의 형성 과정 |

'로열티 루프loyalty loop'가 형성되었다고 말합니다. 다양한 후보군을 두고 평가하는 선별 과정을 거치는 것이 아니라 특정 브랜드 제품만을 반복 구매하는 것이죠.

크리에이터 또한 이와 마찬가지로 로열티 루프를 형성할 수 있는 콘텐츠 전략이 필요합니다. 유저가 한 가지 콘텐츠만 단편적으로 시청하는 것이 아니라 여러 콘텐츠를 계속해서 시청하도록 유도해야 하죠. 많은 크리에이터가 영상의 마지막에 "좋아요와 댓글, 구독과 알림 설정"이라는 메시지를 넣는 것도 이러한 이유에서입니다.

그리고 오늘날 '좋댓구알' 중 가장 중요한 것은 알림 설정입니다. 많은 사람들이 알림에 피로도를 느낍니다. 스마트폰 유저들은 하루 평균 46개의 푸시 알림을 받는데요. 그중 10퍼센트의 유저는 일주일에 한 번씩 푸시 알림이 오는 앱이 있다면 그 앱의 알림을 비활성화합니다. 이처럼 하루에도 몇십 개씩 쏟아지는 알림에 지친 유저가 직접 알림을 활성화한다는 것은 꽤 본격적인 관심의 표현인 것이죠.

구독자가 특정 크리에이터를 구독만 한다면 새로운 콘텐츠가 발행되었을 때 바로 접할 수 있을까요? 아마 어려울 겁니다. 유저들이 수많은 크리에이터를 구독하는 만큼 메인 화면에는 항상 무수한 콘텐츠가 노출되죠. 또한 알고리즘이 매분 매초 새로운 콘텐츠를 추천해주니 새로 발행한 콘텐츠가 어느 순간 메인 화면의 한 귀퉁이에서 잊힐 수도 있고요.

따라서 구독자를 새로운 콘텐츠에 즉시 유입시킬 수 있는 장치로서 알림 설정이 필수적입니다. 메인 화면에서 어떤 콘텐츠를 볼지 고르는 것이 아니라, 알림창에서 바로 자신의 콘텐츠로 들어오도록 새로운 통로를 만들어주는 것이죠.

그렇다면 알림 설정 버튼을 누른 헤비 팔로워를 늘리려면 어떻게 해야 할까요? 위에서 언급했던 콘텐츠의 '방향'을 적절하게 설정해야 합니다. 구독자들이 알림을 설정해두고 계속 보고 싶을 정도로 긴밀한 관계를 맺어야 하는데, 크리에이터는 구독자와 콘텐츠를 통해 소통하니까요. 마치 친구들과 메시지를 주고받는 카카오톡, 인스타그램 등의 알림을 켜두는 것처럼 자신의 콘텐츠 알림을 받게 해야 하는 겁니다.

만약 콘텐츠에 관여도가 높은 팬과 팬덤만을 중심에 둔다면 대다수 구독자의 피로도를 높일 수 있다는 위험성이 있습니다. 크리에이터가 세계관에 깊게 몰입하고 이해하고 있는 팬들만이 이해할 수 있는 콘텐츠를 지속적으로 제작한다면 어떨까요? 대다수의 라이트 팔로워들은 콘텐츠를 이해하기 위해 추가적인 정보를 찾아봐야만 할 겁니다. 이는 콘텐츠에 대한 피로감을 높이는 동시에 흥미를 잃게 하는 요인이죠. 구독 취소로까지 이어질 수도 있고요.

반대로 팬층을 고려하지 않은 콘텐츠만을 제작한다면 콘텐츠의 깊이를 확장하기가 어렵습니다. 새로운 팔로워가 많이 유입되어 양적 지표는 개선될 수 있지만 팔로워 중 라이트 팔로워의 비중만 늘어난다면 질적 지표를 발전시킬 수 없죠. 그렇기 때문에 적절한 균형을 유지해야 합니다.

이 균형을 잘 맞춘 예시로 호주에 거주하는 크리에이터 〈해쭈〉가 있습니다. 보다 앞서 인플루언서로 활동한 〈햄튜브〉 채널에 등장해 인기를 얻어 자신의 채널을 오픈했는데, 주로 가족이나 친구들과의 일상을 담은 콘텐츠를 업로드합니다. 그런 만큼 지속적으로 콘텐츠를 접해온 구독자가 아니라면 콘텐츠에 자주 등장하는 인물들과의 관계를 깊이 이해하기 어려울 수 있죠.

그런데 〈해쭈〉 채널에는 일상 콘텐츠 외에도 요리, 여행, 호주 문화 소개 등 다양한 콘텐츠가 업로드됩니다. 이는 〈해쭈〉에 대해 잘 알지 못하는 라이트 팔로워들도 충분히 즐길 수 있는 콘텐츠인데요. 이때 '남편이 해준 요리 중 맛있었던 것의 레시피를 소개하는 콘텐츠'와 같은 요소를 넣어 기존 팬층의 만족감도 높입니다.

속도보다 중요한 방향

크리에이터와의 협업을 염두에 두고 있는 브랜드라면 콘텐츠의 방향성을 고려하는 것이 가장 중요합니다. 많은 브랜드가 고객 접점을 넓히기 위해 유튜브에 주목하고 있는데요. 자사 채널을 개설하고 이를 성장시켜 깊이 있는 콘텐츠를 만들어갈 것인지, 혹은 이미 깊이를 확보한 크리에이터와의 협업을 통해 그 영향력을 끌어올 것인지를 결정해야 합니다.

사실 지금까지 브랜드 마케팅에서는 후자를 택하는 경우가 일반적이었습니다. 자체 브랜드 채널을 성장시키는 것은 운영 자체도 쉽지 않은 데다가 유저들에게 '브랜드 유튜브 채널=마케팅'이라는 인식이 강하기 때문에 더더욱 어려웠는데요. 이미 많은 구독자를 보유한 크리에이터에게 일정 비용을 지급하여 광고 콘텐츠를 발행하도록 하는 것이 여러모로 효율적인 방식이었죠.

그런데 최근 브랜드 자체 채널의 깊이를 확장하고 있는 사례가 늘어나고 있습니다. 기존의 브랜드 유튜브 채널은 대부분 자사 제품을 소개하고 판매하는 것을 주된 목적으로 삼았는데요. 이제는 소비자의 친근감을 높이기 위한 브랜딩을 목적으로 콘텐츠를 제작하고 있습니다. 그렇기 때문에 자사 제품과 큰 관련이

| 유튜브 채널 〈GS25 | 이리오너라〉 |

없는 콘텐츠라도 재미에 중점을 두고 크리에이터 구독자의 깊이를 그대로 브랜딩에 끌어올 수 있는 전략을 택한 것이죠.

편의점 프랜차이즈 GS25의 경우 메타코미디와 조인트 콘텐츠 파트너십을 맺었는데요. 자사 채널을 '가장 예능에 진심인 편의점 채널'로 소개하며 다양한 콘텐츠 시리즈를 제작했습니다. 메타코미디에 광고를 의뢰하는 것이 그들이 보유한 채널의 구독자를 유입시키는 가장 쉬운 방법일 텐데 자사 채널을 만든 이유가 무엇일까요? 자체 IP Intellectual Property 경쟁력을 확보하는 것이 장기적으로 볼 때 더 큰 성장으로 향하는 방향일 수 있다고 판단했기 때문일 겁니다.

찐 리얼리티

Real Reality

'하이퍼리얼리즘' 말고
'찐 리얼' 콘텐츠

하이퍼리얼리즘, 그 이상의 리얼

근래 콘텐츠 시장을 관통한 키워드 중 가장 영향력 있는 것을 꼽자면 단연 '하이퍼리얼리즘 hyperrealism'일 겁니다. 하이퍼리얼리즘은 특정 플랫폼이나 콘텐츠 형식을 가리지 않고 일어난, 트렌드라기보다는 일종의 현상에 가까웠습니다.

하이퍼리얼리즘 콘텐츠는 주로 현실을 정밀하게 묘사한 코미디의 형태입니다. 작위적이지 않도록, 마치 실재하는 인물과 상황인 것처럼 제작한 '페이크 다큐멘터리fake documentary'라고도 할 수 있는데요. 〈숏박스〉, 〈빠더너스〉, 〈너덜트〉, 〈쉬케치〉 속 캐릭터를 떠올려보면 이해하기 쉬울 겁니다. 모두 시청자가 콘텐츠를 쉽게 이해할 수 있도록 캐릭터와 사건을 직관적으로 설정했습니다. 예컨대 '아내를 위해 당근마켓 거래에 대신 나온 남편', '연애가 처음인 대학생'처럼요.

페이크 다큐 이후에 이슈를 일으킨 콘텐츠들은 조금 다른 양상을 보입니다. 〈M드로메다 스튜디오〉 시리즈 '청소광브라이언'은 1화가 업로드된 지 한 달 만에 200만 회 이상의 조회수를 달성했을 정도로 큰 화제를 모았는데요. 만들어진 캐릭터가 아니라 실제 결벽증으로 유명한 브라이언 본인의 캐릭터를 살렸기 때문입니다. 게스트의 불결한 모습에는 불같이 화를 내고, 열심히 청소하는 장면 등은 연기가 아니기에 몰입감을 높여주죠.

대본이 아니라 현실 그 자체를 살린 콘텐츠의 범람, 우리는 이 현상을 '찐 리얼리티real reality'라고 정의합니다. 여기서 '찐'은 진짜를 함축하기도 하고, 眞(참 진)이라는 한자를 강하게 발음한 형태이기도 합니다. 한글, 한자 그리고 영문 모두 '진짜'라는 뜻을 지닌 동의어이지만, 누차 반복할 정도로 진실하다는 의미를 담고 있습니다. 하이퍼리얼리즘이 묘사라면, 찐 리얼리티는 묘사가 아니라 현실 그 자체에 가깝습니다.

수많은 연애 프로그램 중에서도 꾸며진 각본이 아닌 연인들의 관계성과 연애사를 담은 〈환승연애〉, 자극적인 방송용 연출 없이 솔직담백한 무드를 이어가는 〈연애남매〉, 로맨틱한 편집도 감성적인 화면 필터도 없는 〈나는 SOLO〉가 사랑받는 이유, 가공되지 않은 진짜 이야기에 열광하는 이유가 있지 않겠어요?

콘셉트보다 강한 인물 태그값의 힘

콘텐츠의 흥과 성은 다양한 요인에 의해 결정됩니다. 스토리 진행 방식, 주요 크리에이터 외 등장인물의 특성과 수 등 주요한 것들 외에도 편집에 해당하는 자막 디자인, 배경 음악도 관건이 될 수 있습니다. 그중 최근 콘텐츠 트렌드에서 가장 중요하게 다뤄지는 것은 캐릭터입니다. 크리에이터로서 매력적인 캐릭터를 만들고, 이를 중심으로 콘텐츠 IP를 구축했을 때 하나의 브랜드로서 비즈니스를 확장해나갈 수 있기 때문이죠.

하이퍼리얼리즘 콘텐츠는 크리에이터가 유저의 일상을 포착하는 방식으로 만들어집니다. 유저들의 일상에 동화된 콘텐츠를 통해 공감을 이끌어내는 것이죠. 반대로 찐 리얼리티 콘텐츠는 크리에이터가 자신의 일상을 있는 그대로 보여주면 유저가 이에 공감하거나 호감을 느끼게 된다는 점에서 다릅니다. 그 모습이 실재한다고 느낄수록 효과는 배가 됩니다.

그렇다고 브라이언의 결벽증처럼 독특한 특성만을 포함하는 것은 아닙니다. 브이로그를 비롯하여 개인의 일상을 담은 콘텐츠가 꾸준히 사랑받는 것처럼 크리에이터 본인의 사소한 정보도 콘텐츠의 키워드로 만들 수 있는데요. 이 경우 주로 비슷한 특성을 공유하는 유저 집단과 공감대를 형성하며 점차 타깃을 넓혀갈 수 있습니다.

〈리쥬라이크 LIJULIKE〉는 2011년 코미디TV 〈얼짱시대 5〉에 출연해 인기를 얻은 인플루언서 유혜주의 브이로그 채널입니다. 사실 유혜주라고 하면 많은 대중들은 '얼짱'이라는 키워드를 떠올릴 겁니다. 과거 외모로 주목받으며 형성된 '얼짱' 캐릭터를 활용해 피팅 모델 활동을 했고, 현재는 그 경험을 살려 직접 쇼핑몰도 운영하고 있죠. 여기까지의 히스토리는 조금은 범접하기 힘들고 동경에 가까운 대상일지도 모르겠습니다.

하지만 〈리쥬라이크 LIJULIKE〉 채널에는 결혼 준비 과정부터 결혼 후 신혼 생활, 그리고 자녀 출산 후 가족들이 함께하는 일상까지, 크리에이터 본인의 삶이 밀접하게 담겨 있습니다. 결혼과 출산 후에는 개인의 라이프스타일을 조금 더 진솔하게 드러

| 유튜브 채널 〈채널십오야〉 |

내며 새로운 캐릭터가 되어가고 있죠.

　나영석 PD는 '나영석 사단'이라고 불리는 자신의 방송 프로그램 출연자를 중심으로 토크 콘텐츠를 진행합니다. 게스트와 일대일로 진행하는 '나영석의 나불나불'과 다수의 게스트와 함께 진행하는 '나영석의 와글와글'이 있습니다. 특히 '나영석의 와글와글'은 숨겨져 있는 듯한 카메라 구도가 특징적인 콘텐츠로, 토크쇼보다는 날것의 회식 장면을 담아낸 영상에 가까운데요. 이런 상황에서 출연진은 방송을 의식하지 않고 허심탄회하게 대화를 나누죠. 시청자는 카메라를 의식하지 않는 다소 방임적이기

| 유튜브 채널 〈채널십오야〉 |

까지 한 분위기에서 오히려 '방송으로 걸러지지 않은 그들만의 대화'라는 신뢰를 갖게 됩니다.

사실 나영석 PD의 회식 콘텐츠는 새로운 시도가 아닙니다. 나영석 PD는 셀럽들의 수다에서 방송 비하인드를 끌어내는데요. 2016년 예능 〈신서유기2〉의 비하인드로 공개된 멤버들의 회식 영상이 큰 화제를 끌자 회식이라는 소재를 하나의 토크 콘텐츠로 발전시킨 거죠. 이로써 방송 팬을 보장된 시청자로 확보하고 방송에 관한 이야기, 일명 '떡밥'을 제공해 팬의 만족도를 높입니다. 더 나아가 토크 콘텐츠만을 접한 일반 시청자로 하여

금 방송에 관심을 두도록 유도하는 시너지 효과를 만들어내기도 하죠.

〈짠한형 신동엽〉에서는 신동엽의 주당 캐릭터를 활용했습니다. 기성 방송에서는 베테랑 방송인으로서 프로페셔널한 MC의 모습을 보였다면 〈짠한형 신동엽〉에서는 편안하게 술을 마시는 친근한 모습을 드러냅니다. 또한 실제 친분이 있는 게스트를 섭외함으로써 허물없이 대화하는 분위기를 극대화했죠.

이는 시청자가 '주당' 캐릭터에서 기대하는 바, 그리고 음주 콘텐츠에서 충족하고자 하는 니즈를 모두 만족시킵니다. 그렇기 때문에 술을 마시며 대화를 나눈다는 간단한 콘셉트만으로 많은 시청자를 사로잡으며 채널 개설 약 두 달 만에 80만 명 이상의 구독자를 모으고, 강력한 IP를 확보할 수 있었죠.

일상의 에피소드와 인생의 사연도 스토리로

배우 고현정이 개설한 유튜브 채널은 론칭부터 폭발적인 관심을 받았습니다. 그가 데뷔 후 처음으로 인스타그램 계정을 만든 데 이어 공개한 채널인 데다, 채널명도 자신의 이름을 그대로 사용한

〈고현정〉이었습니다. 시청자가 이토록 열렬한 환호를 보낸 것은 고현정이라는 배우의 인생을 볼 수 있다는 기대 때문입니다.

우리는 여전히 고현정을 궁금해합니다. 1989년 미스코리아선으로 데뷔한 후 배우로 활동한 지 30여 년이 지났지만 그의 개인사나 신념부터 뭘 입고 뭘 먹는지, 또 어느 곳을 좋아하고 싫어하는지가 지독하게 궁금합니다. 채널의 첫 영상은 '저 고현정이에요… 이렇게 유튜브 시작해도 괜찮을까요?'라는 제목인데요. 설명글에는 "저 정말 많이 걱정됩니다. 하지만 여러분께 감사한 마음으로 용기 냈습니다. 우리 서로 함께 행복해보아요. 사랑합니다"라는 감회가 고스란히 담겨 있습니다.

신비주의를 깨고 일상을 공개한 채널 외에도 인생의 굴곡과 고난을 고스란히 드러내며 정면 돌파를 선언한 스타도 눈길을 끕니다. 〈노빠꾸탁재훈〉을 통해 예능 유망주가 된 배우 예원은 가장 대표적인 사례입니다. 예원은 과거 예능에서 동료 여배우와 갈등을 빚었던 사건을 직접 언급하며 솔직한 심정을 밝히고 지나온 시간을 반성해 화제를 일으켰습니다. 이미지가 생명이라는 연예인의 숙명을 깨고 유튜브를 통해 인간 김예원의 모습을 보여주며 시청자, 다시 말해 대중과의 거리를 좁힌 것이죠.

크리에이터의 가장 사적인 공간인 집을 노출하는 것도 일

저희 집에

| 유튜브 채널 〈가비 걸 GABEE GIRL〉 |

상과 인생을 보여주며 대중과 소통하는 맥락입니다. 〈가비 걸 GABEE GIRL〉, 〈조현아의 목요일 밤〉, 〈차린건 쥐뿔도 없지만〉 등 많은 채널에서 '채널주'의 공간을 고스란히 보여줍니다. 왜일까요? 스태프가 똑같이 상주하는 상황이라도 꾸며진 세트장보다는 사적인 공간에서 더 유연한 흐름을 끌어낼 수 있기 때문입니다. 비단 MC뿐만 아니라 게스트도 마찬가지예요. 집에 초대됨으로써 MC와 각별하고 긴밀한 사이라고 느끼게 되고, 집이라는 공간은 그들의 '케미'를 돋보이게 하는 장치로 기능합니다. 시청자 관점에서는 어떨까요? 이런 콘텐츠는 방송보다는 비하인드 콘텐츠로 여겨집니다. 시청자 입장에서는 출연진이 잡담을 나누는 사석을 훔쳐보는 것처럼 느끼게 되죠.

맨얼굴 소통, 브랜드 전략이 되다

진짜가 주는 진정성의 힘은 대단합니다. 브랜드가 일관성 있고 정직한 메시지를 전달할 때 소비자에게 신뢰를 얻을 수 있으며, 이 신뢰가 고객 충성도로도 이어질 수 있기 때문인데요. 소셜 미디어를 통해 브랜드 보이스를 전달할 때 찐 리얼리티 콘텐츠는 소비자와의 거리를 좁힐 수 있는 무기가 되어줍니다.

브랜드가 소비자에게 진실된 브랜드 스토리를 전달하기 위해 자체 미디어를 만드는 전략을 '브랜드 저널리즘brand journalism'이라고 합니다. 특히 기업 뉴스룸을 만들어 언론사 등 타 미디어를 거치지 않고 자체 미디어를 통해 소비자와 직접 소통하는 경우가 많습니다. 여기에 찐 리얼리티를 접목한다면 어떨까요?

무신사는 자체 유튜브 채널인 〈MUSINSA TV〉를 통해 무신사에 입점한 패션 브랜드의 다큐멘터리 '더 브랜드' 시리즈를 제작했습니다. 브랜드 디렉터가 직접 출연해 제품의 기획과 출시

| 유튜브 채널 〈MUSINSA TV〉 |

과정부터 실제 판매에 이르는 생생한 경험담을 이야기하는 것인데요.

이는 브랜드에서 재직 중인 임직원을 인플루언서로 내세워 다양한 정보를 전달하는 '임플로이언서employencer'와 맥락이 유사합니다. 누구보다 가까이에서 브랜드를 경험한 이들이기에 검증된 정보를 제공할 수 있고, 전문 방송인이나 인플루언서를 섭외하는 방식보다 더욱 친근하게 소비자와 소통할 수 있다는 장점도 있습니다.

한편, 브랜드에 대해 타깃이 가지는 기대감을 충족함으로써 긍정적인 이미지를 심어줄 수도 있습니다. 무신사의 경우 '출근 룩' 콘텐츠 시리즈도 지속적으로 발행하고 있는데요. 해당 콘텐츠에서는 무신사 임직원들이 자신이 착용한 옷, 가방 등을 직접 소개합니다.

일반적으로 패션 회사 직원을 떠올리면, 트렌디하면서 패셔너블한 이미지가 기본값으로 설정됩니다. 패션 트렌드에 민감한 패션 회사 직원들이 직접 구매하고 소개하는 아이템이라면 믿고 살 수 있다는 기대감이 있는 것이죠. 무신사는 콘텐츠를 통해 이러한 기대감을 충족함으로써 신뢰도를 높였습니다.

사회

가치관

관계

콘텐츠

소비

라이프스타일 커머스

Lifestyle Commerce

팬덤 기반의
라이프스타일 커머스

크리에이터가 커머스를 한다?

소셜 미디어가 서로의 일상과 생각을 공유하는 플랫폼 이상의 역할을 수행하게 된 것은 이미 오래된 이야기입니다. 우리는 이미 소셜 미디어에서 크리에이터를 중심으로 다양한 제품과 서비스의 거래가 이루어지는 '크리에이터 커머스creator commerce'에 익숙해졌죠.

그 대표적인 예시 중 하나가 '공구'인데요. 이는 '공동 구매'의 줄임말로, 여러 사람이 모여 단체로 물건 등을 구매하는 행위를 뜻합니다. 많은 소비자들은 대량 구매로 인한 특가 혜택, 혹은 공구 기간 한정 판매 등의 이점 때문에 공구에 참여합니다. 인스타그램에서는 공구를 전문으로 하는 유저를 '인플루언서'라 칭하며 하나의 직업으로 여길 정도로 성행하고 있고요.

검색 한 번이면 전 세계 모든 정보를 얻을 수 있는 시대인 만큼 소비자들은 예전에 비해 점점 더 똑똑해지고 있습니다. 제품의 원재료나 성능 등을 꼼꼼하게 비교하고, 최저가로 구매할 수 있는 채널을 찾기도 합니다. 그럼에도 소비자들이 크리에이터가 주도하는 커머스에 선뜻 지갑을 여는 이유는 단순히 가격 측면에서 이점이 있기 때문만은 아닙니다.

선망하는 크리에이터의 라이프스타일 곳곳에 매력적인 제품이 녹아 있고, 이것이 팔로워이자 소비자의 모방 심리를 자극하는 것이죠. 이번 장에서는 공구에서 시작된 크리에이터 커머스가 어떻게 확장되고 있는지, 그리고 이를 마케팅에 어떻게 활용할 수 있을지에 대해 살펴보겠습니다.

재밌게, 새롭게, 눈에 띄게!

소비자들은 제품을 판매하는 크리에이터의 라이프스타일을 함께 경험하고자 합니다. 선호하는 크리에이터에 대한 호감과 신뢰가 실제 소비로도 이어지는 것인데요. 2022년에 '#공구', '#공동구매' 해시태그로 업로드된 콘텐츠를 분석한 결과, 공구가 가장 많이 진행된 품목은 효소였습니다. 그 외에도 콜라겐이나 유산균을 비롯한 건강기능식품류의 인기가 높았고요.

이는 효소나 건강기능식품이 크리에이터가 가진 외적인 매력이나 자기 관리에 철저한 모습 등을 활용해 판매하기에 유리한 카테고리이기 때문입니다. 실제로 크리에이터들이 공구를 시작하기 전에 자신이 제품을 직접 사용하는 모습을 지속적으로 노출하기도 하죠. 즉 소비자들은 크리에이터 콘텐츠 소비의 연장선상에서 크리에이터 커머스를 소비하는 셈입니다.

이처럼 오락적 기능의 소비를 즐기는 이들을 '유희형 소비자fun-surfer consumer'라고 정의하는데요. 마치 새로고침 버튼을 누르면 새로운 정보가 화면에 나타나는 것처럼 콘텐츠를 볼 때 즉각적으로 새로운 니즈가 발생하는 겁니다. 이들에게는 크리에이터 콘텐츠를 감상하고, 관련 제품을 실제로 구매하는 것까지가 콘텐츠를 즐기는 하나의 여정이죠. 그렇기에 구매 의사를 불러일으키는 촉매제로서 콘텐츠의 역할이 굉장히 중요합니다.

레거시 미디어에서 이러한 역할을 유사하게 수행하는 것이 홈쇼핑입니다. 쇼호스트들은 소비자들이 판매 방송을 하나의 콘텐츠로서 시청하도록 유도하고, 구매까지 이어지게 하는 역할을 수행하는데요.

이때 상품을 직접 착용하고 시연하며 신뢰를 얻는 것만큼이나 재미를 주는 것 또한 중요합니다. 판매 방송을 계속 시청하도록 하려면 눈길을 사로잡는 매력이 있어야 하니까요. 생방송의 특성상 방송을 이끄는 쇼호스트의 능력이 판매 실적에 큰 영향을 미치기 때문에 '스타 쇼호스트'가 생기기도 했죠.

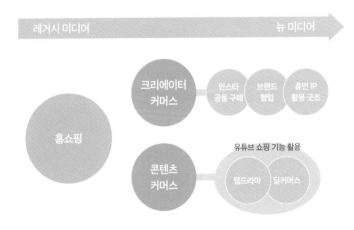

| 유희형 소비의 트렌드 변화 |

하지만 아직 기성 홈쇼핑은 예능으로 받아들여지지 않는 것으로 보입니다. 한 쇼호스트가 홈쇼핑 방송에서 욕설을 사용했을 때 "예능처럼 봐달라"고 말했던 것이 이슈가 되기도 했던 것처럼요. 방송 심의 등의 여건을 고려했을 때 콘텐츠로서의 재미를 충족하기에는 한계가 있는 것입니다. 그렇다면 이를 보완해 예능적 측면을 더 강조할 수 있는 방향으로 콘텐츠를 제작해도 재미있을 겁니다.

허들은 높아도, 특별하고 한정된 제품

기존 공구 콘텐츠는 외관을 매력적으로 강조하거나 음식을 먹음 직스럽게 요리하는 등, 제품 USP[*]에 직관적으로 접근하는 방식이었습니다. 대부분 가격대가 낮고, 의식주라는 필수재에 속한 저관여 제품이기에 가능했던 접근입니다.

현재는 시장이 커진 만큼, 판매 카테고리도 다양해졌습니다. 이제 제품은 50만 원에서 100만 원을 웃도는 고급형 가전부터

---

[*] Unique Selling Point 또는 Unique Selling Proposition의 약자로, 제품을 차별화할 수 있는 요소 및 전략을 말한다.

호텔, 여행 상품, 럭셔리 액세서리 등 고관여 제품으로 확대됐습니다. 따라서 단순히 가격적 혹은 기능적 메리트를 조명한 콘텐츠보다는 크리에이터가 보유한 팬덤 커뮤니티를 꽉 잡아 이끄는 힘이 필요해졌습니다. 말하자면 소속감과 군중 심리 그 사이 어딘가를 현혹하는 겁니다.

그 방안으로 나타난 것이 크리에이터와 브랜드가 기획부터 개발에 공동 참여하는 '협업' 형태입니다. 이전에는 크리에이터가 기성품을 대량으로 매입하는 역할만 수행했다면 이제는 브랜드와의 협업으로 직접 제품을 만들기 시작했습니다. 일례로 뷰티 크리에이터 〈시네 si-ne〉는 2024년 5월 뷰티 브랜드 에이프릴스킨과 공동 개발한 제품을 출시했습니다. 실제 신제품 개발 과정에 참여했을 뿐 아니라 일반인을 대상으로 커버력, 지속성 등을 테스트하는 콘텐츠도 업로드하며 신뢰감을 높였죠.

기존에 존재하는 크리에이터의 캐릭터와 서사, 즉 휴먼 IP를 활용하는 것도 꽤 매력적인 전략입니다. 이미 유저들과 친밀도를 쌓은 크리에이터를 내세워 유희형 소비자와의 거리를 좁히는 것이죠. 예컨대 소비자들과 친근하게 소통해왔던 크리에이터가 커머스 특화 캐릭터를 만들어 거부감을 낮추는 건데요. 웹툰 작가이자 스트리머 〈침착맨〉은 라이브 스트리밍 방송을 통해 팬들과 끈끈한 유대감을 형성한 것으로 유명합니다. 특유의 담백한 입담으로 팬들과 티키타카를 주고받으며 친근하게 소통해왔죠. 침착맨은 2024년 5월 10일 자신의 휴먼 IP와 채널 IP를 활용한 팝업스토어를 오픈했는데요. 온라인 사전 예약 티켓이 오픈되기 무섭게 완판되었을뿐더러, 오픈 첫날에는 300명 이상이 대기하는 등 큰 화제를 모았습니다. 굿즈의 완성도가 우수하다기보다는 팬심을 자극하는 휴먼 IP의 활용으로 소장 욕구를 불러일으킨 것이죠.

플랫폼을 판매 채널로 활용하기

또한 콘텐츠와 커머스를 직접 결합하기도 합니다. 이는 콘텐츠에 PPL[*]을 추가하는 형태가 아니라, 커머스로서의 기능에 중점을 둔 형태인데요. 바로 유튜브 쇼핑의 제품 태그 기능을 이용하는 것입니다. 제품 태그는 특정 제품의 판매 페이지로 바로 이동할 수 있는 탭을 생성하는 기능인데요. 영상에 등장하는 제품을

[*] Product Placement의 약자로, 특정 기업의 제품이나 서비스를 콘텐츠에 자연스럽게 노출시키는 마케팅 전략을 뜻한다.

태그하여 콘텐츠 시청 후 바로 해당 제품을 구매할 수 있도록 연결해줍니다.

CJ ONSTYLE은 자사 유튜브 채널을 통해 3040세대를 타깃으로 한 웹드라마 시리즈 '눈떠보니 라떼'를 업로드하고 있는데요. 여기에 유튜브 쇼핑의 제품 태그 기능을 활용했습니다. 영상

| 유튜브 채널〈CJ ONSTYLE〉|

에서 주인공들이 착용한 옷과 액세서리 정보가 모두 태그되어 있고, 영상 내에서 앱 화면을 직접 보여주며 추천 제품을 소개하기도 합니다. 물론 영상에서 추천한 제품에 관심이 있을 경우 태그 기능을 통해 바로 구매 페이지로 이동할 수 있도록 했고요.

일반적으로 소비자들이 콘텐츠에서 상품을 접했다면, 구매까지 이어지기 전에 여러 정보를 추가로 탐색해보는 과정에서 이탈할 가능성이 높습니다. 예를 들어 인스타그램 광고로 로봇청소기를 접했다고 생각해볼까요. 아마 대부분의 유저들은 추가적인 정보를 필요로 할 겁니다. 포털 사이트에 검색해 다른 제조사의 상품을 살펴보거나, 다른 고객들의 후기를 찾아보는 것처럼요.

그런데 제품 태그 기능은 콘텐츠를 접한 후 바로 구매 페이지로 이어질 수 있도록 하여 구매 여정을 단축합니다. 번거롭게 다른 페이지를 켜지 않아도 즉시 제품 상세 페이지에서 제품에 대한 정보를 확인하고 리뷰를 살펴볼 수 있도록 한 것이죠. 이를 통해 고객에게 편리한 쇼핑 경험을 제공함과 동시에 전환율도 높일 수 있습니다.

웹드라마 '눈떠보니 라떼'의 성공 이후, CJ ONSTYLE은 유튜브 커머스를 더욱 확장하며 새로운 콘텐츠로 소비자와의 접점을 넓혀가고 있습니다. 2024년 3월에는 〈매진임박〉이라는 채널을 개설하고, 채널 첫 콘텐츠로 웹예능 '엄카찬스'를 선보였습니다. 주목할 만한 점은 해당 채널의 발행 콘텐츠와 라이브 커머스 방송이 연계된다는 것인데요. 매주 화요일에는 '엄카찬스'에서 제품을 소개하고, 이틀 뒤인 목요일에는 라이브 커머스 '엄카타임'을 진행해 실제로 해당 제품을 판매하는 겁니다.

물론 여기에 선행되는 것은 콘텐츠로서의 재미입니다. '눈떠보니 라떼'는 3040세대가 쉽게 공감할 수 있는 신혼 부부 에피소드, 워킹맘 에피소드 등을 재치 있는 웹드라마 형태로 풀어냈습니다. '엄카찬스'와 '엄카타임'에는 모델 이현이가 출연해 워킹맘으로서 육아맘들과 소통하며 고민을 나누고, 유용한 팁도 주고받으며 3040 여성 타깃과 공감대를 형성했죠.

즉 판매를 최종 목적으로 하는 콘텐츠이지만, 영상이 단순한 상업 방송이 아닌 콘텐츠로서 소비자에게 다가갈 수 있도록 한 것입니다. 재미가 있어야 소비자들이 콘텐츠를 끝까지 시청하고 구매로까지 이어지기 때문이죠. '엄카찬스' 시즌 1 진행 당시 라이브 커머스로 30분당 억대 매출을 기록했을 정도로 실제 소비자들의 호응도 또한 굉장히 높습니다. 소셜에서는 커머스조차 콘텐츠의 공식이 선행된다는 점이 재밌지 않나요?

2장

×

크리에이터
이코노미

creator economy

앞서 콘텐츠 시장 전반을 다섯 가지 영역으로 분류한 인사이트를 둘러보았다면, 이를 실제로 적용할 수 있는 콘텐츠 전략을 알아볼 차례입니다. 막 채널 운영을 시작하는 도입기부터, 대중에게 이름을 알리기 시작하는 성장기, 그리고 구독자를 모아 수익화를 실현하는 전환기까지. 크리에이터, 혹은 크리에이터와의 협업을 고려하는 브랜드라면 시장에서 살아남기 위해 꼭 알아야 할 콘텐츠 성공 비법을 살펴봅니다.

도입기

성장기

전환기

채널 세계관 구축

Content Universe

유튜브 콘텐츠에도
개연성은 필요하다

IP 2요소, 휴먼과 콘텐츠

유튜브에서 이름만 대면 알 수 있는 시리즈의 공통점은 무엇일까요. 바로 이를 대표하는 호스트 출연진이 있다는 것입니다. 유튜브를 기반으로 하는 IP 생태계는 곧 휴먼 IP와 콘텐츠 IP를 골자로 한 세계관 기획에 그 핵심이 있습니다.

2010년대 초반까지만 해도 미디어 시장에서 유튜브의 영향력이 지금처럼 막강하지는 않았습니다. 그런데 레거시 미디어의 주축인 방송국들이 유튜브에 진출하고 온라인에 특화된 웹예능과 웹드라마를 제작하기 시작했죠. 이는 유튜브가 주류 미디어로 자리잡기 시작했다는 방증임과 동시에 그 성장세를 가속화하는 계기이기도 했습니다. 특히 시청자들의 눈길을 단번에 사로잡는 캐릭터와 콘셉트로 화제를 불러 일으킨 콘텐츠들이 이러한 흐름을 이끌었습니다.

〈와썹맨〉은 1세대 웹예능의 시초 격인 콘텐츠입니다. JTBC의 디지털 채널인 〈스튜디오 룰루랄라〉에서 시작해 큰 호응을 얻어 〈와썹맨〉이라는 이름의 단독 채널로 독립했습니다. 그리고 독립한 지 단 3개월 만인 2018년 9월에는 방송사가 제작한 오리지널 콘텐츠 채널 중 최초로 100만 구독자를 달성했고요. 웹예능 최초로 넷플릭스 오리지널 〈와썹맨 GO!〉, 네이버 TV 오리지널 〈와썹맨X〉로도 제작되며 채널을 확장하기도 했습니다.

유튜브 시장에서는 이례적으로 약 4년간 158개의 에피소드를 발행하며 2022년 4월 역사적인 마무리를 지었는데, 이처럼 화려한 성과에 비해 콘텐츠 구성은 의외로 단순합니다. 그룹 god 출신 방송인 박준형이 핫플레이스에 방문하고 체험하는 모습을 보여주는 것인데요. 얼핏 보면 범상한 듯한 기획으로 비범한 결과를 이룰 수 있었던 비결은 와썹맨이라는 캐릭터입니다.

흔히 뉴 미디어가 레거시 미디어와 대조되는 가장 큰 특징으로 방송 심의에서 자유롭다는 점을 꼽죠. 기성 방송에 비해 표현의 제약이 적은 환경에서 박준형의 캐릭터는 빛을 발했습니다. 그는 미국 국적의 한국인으로, 다소 어눌한 한국어와 솔직한 화법이 특징적인 인물입니다. 유튜브에서는 그의 거침없는 욕설이 가감 없이 노출되니 특유의 꾸밈없는 모습이 극대화되었죠. 그 덕에 1999년 데뷔한 그는 반백 살이라는 키워드로 1020세대와 공감대를 형성하며 제2의 전성기를 맞이할 수 있었습니다.

이 외에도 뉴 미디어 문법에 맞는 캐릭터로 인기를 얻은 웹 예능으로 〈워크맨〉이 있습니다. 〈워크맨〉은 JTBC 아나운서 출신 방송인 장성규가 다양한 일터에서 직접 일해보며 생기는 에피소드를 담아낸 웹예능인데요. 여기에서 장성규는 일반적인 아르바이트생처럼 상사나 손님의 눈치를 보지 않습니다. 장난스러운 언행을 일삼고, 때로는 업무 강도에 비해 적은 보수를 꼬집는 등 민감할 수 있는 화제도 태연하게 꺼내며 선을 넘을 듯 안 넘을 듯 아슬아슬하게 줄타기 하는 '선넘규'로 주목을 받았습니다. 격식 있는 옷차림과 반듯한 자세로 정제된 표준어를 사용하던 아나운서의 이미지와는 상반되는 것이죠.

〈워크맨〉의 재미는 잘 짜인 대본이 아니라 타고난 순발력과 센스 있는 유머 코드에서 출발합니다. 출연자가 본능적으로 뱉는 '드립'이 더 자연스러운 재미 요소가 되도록 제작진의 개입을 최소화함으로써 캐릭터 고유의 매력을 강조하는 것이죠. 그 덕에 〈워크맨〉 또한 〈스튜디오 룰루랄라〉에서 시작되어 폭발적인 반응에 힘입어 약 2개월 만에 단독 채널로 독립했습니다. 2024년 3분기 기준 구독자 411만 명, 평균 조회수 약 100만 회로 여전한 화제성을 자랑하고 있기도 합니다.

이처럼 웹예능의 유행을 이끈 셀럽들이 과거 레거시 미디어에서도 단독 메인 MC로서 주목받았던 것은 아닙니다. 이들이 레거시 미디어에서보다 뉴 미디어에서 더 주목받을 수 있는 이유는 '하이라이트형 캐릭터'이기 때문입니다. 하이라이트형 캐릭터란 한 시간이 넘는 분량의 방송 중에서 유독 기억에 남고 재미있는 하이라이트 장면을 만들어내는 감초 같은 캐릭터인데요. 레거시 미디어의 메인 MC는 주로 전체적인 흐름을 이끌어가는 안정성이 돋보인다면, 하이라이트형 캐릭터의 강점은 찰나의 틈새를 파고들어 재미 포인트를 만들어내는 순발력입니다. 그리고 레거시 미디어에 비해 콘텐츠 분량이 짧고 호흡이 빠른 뉴 미디어 환경에서는 순발력이 굉장히 강력한 무기이고요.

하이라이트형 캐릭터의 대표적인 인물로는 탁재훈이 있습니다. 1998년 데뷔한 남성 듀오 '컨츄리꼬꼬'로 이름을 알린 탁재훈은 가수로서 다수의 히트곡을 발매하기도 했지만 그만큼 뛰어난 예능감으로 이름을 알렸습니다. 매끄러운 진행보다는 토크 사이사이에 치고 들어가는 애드리브가 더 돋보이는 인물이죠. 스포츠에 비유하자면 공격수라고 할 수 있습니다.

그렇다면 공격수가 가장 돋보일 수 있는 콘텐츠는 무엇일까요? 전체 경기 영상에서 공격수가 활약하는 주요 장면만 추려낸 하이라이트 영상일 겁니다. 마찬가지로 하이라이트형 캐릭터가 가장 돋보일 수 있는 콘텐츠 또한 이들의 주특기인 톡톡 튀는 애드리브로만 가득 찬 콘텐츠일 테고요.

그래서 탁재훈을 메인 MC로 내세운 유튜브 웹예능 〈노빠꾸 탁재훈〉에서는 SBS 예능 〈미운 우리 새끼〉, 〈신발 벗고 돌싱포맨〉 등에서 보여준 그의 후퇴 없는 입담을 '노빠꾸'로 가감 없이 담았습니다. 독한 입담을 극대화하기 위해 취조 콘셉트를 차용하고, 이를 잘 살릴 수 있도록 스튜디오를 취조실로 설정했죠. 탁재훈이 다소 독한 멘트를 던지더라도 게스트와 시청자가 자연스러운 맥락으로 받아들이고 함께 콘셉트에 몰입할 수 있도록 유도한 것입니다.

이처럼 디테일한 설정은 인물의 개인적인 성격이나 특징을 지적 재산권, 즉 IP로 진화시킵니다. 출연진의 매력을 극대화해 콘셉트로 만들고 여기에 시청자를 몰입시키는 것인데요. 한번 포맷이 잘 갖춰진 콘텐츠는 단건 콘텐츠 혹은 시리즈를 넘어 하나의 휴먼 IP가 됩니다. 인물 그 자체가 하나의 IP가 되는 것인데, 한번 IP를 잘 갖춰놓으면 이후 다른 콘텐츠로의 확장도 쉬워지죠. 탁재훈이 〈노빠꾸탁재훈〉에서 확보한 휴먼 IP를 '탁재훈의 압박면접', '탁스패치' 등 여러 콘텐츠 시리즈로 이어가고 있는 것처럼요.

시청자 페르소나 설정하기

IP를 완성하는 구성 요소가 휴먼과 콘텐츠라면, IP에게 생명을 불어넣는 것은 시청자입니다. 지속적으로 콘텐츠를 시청하고 구독 버튼을 눌러줄 시청자가 있어야 하니까요. 따라서 타깃, 즉 시청자의 페르소나를 설정하고 이들에게 꼭 맞춘 콘텐츠 전략을 구상해야 하죠. 실제 유튜브 콘텐츠를 기획, 제작하며 가설을 세우고 검증했던 경험을 바탕으로 타깃 시청자의 페르소나를 어떻게 설정하는지 살펴봅시다.

타깃에 대한 정확한 이해는 모든 비즈니스에서 가장 기초가 된다고 할 수 있습니다. 우리의 고객이 누구인지를 알아야 그들이 무엇을 필요로 하고 선호하는지를 파악할 수 있으니까요. 물론 넓고 포괄적인 시야에서 누구나 좋아할 만한 호감형 이미지를 형성하는 것, 즉 대중성을 확보하는 것도 중요한데요. 크리에이터 시장에서는 범위를 좁혀 단순 대중보다는 '잠재적 구독자'를 물색하고 겨냥할 필요가 있습니다.

그 이유는 채널 성장을 위해 '충성 고객', 즉 구독자가 반드시 필요하기 때문입니다. 일반적으로 시청자들이 재미있는 콘텐츠를 발견했을 때 보내는 주목은 단발성에 가깝습니다. 이것이 크리에이터 자체에 대한 관심, 그리고 크리에이터의 새 콘텐츠에 대한 지속적 흥미로까지 이어졌을 때 비로소 구독이라는 액션이 발생합니다. 다시 말해 일부 콘텐츠에 대한 단발성 주목을 넘어 구독으로까지 이어질 수 있는 잠재적 구독자가 누구일지 파악하고, 이들의 선호와 취향에 맞는 콘텐츠를 만들어야만 채널 성장으로 이어질 수 있습니다.

그렇다면 어떻게 잠재적 구독자를 찾고, 이들이 구독 버튼을 누르도록 유인할 수 있을까요? 가장 먼저 타깃이 어떤 사람인지 이해하는 과정이 필요합니다. '지피지기 백전불태知彼知己 百戰不殆'라는 말처럼, 타깃의 마음을 사로잡으려면 먼저 타깃이 누구인지부터 알아야 하는 것이죠.

타깃 범주 가설 설정하기

먼저 타깃이 어떤 집단에 속하는지를 파악해야 합니다. 처음부터 타깃을 세분화하는 것보다는 범주화를 통해 이해하는 편이 유리하기 때문인데요. 가장 보편적인 범주로는 연령과 성별이 있습니다. 일반적으로 같은 성별, 비슷한 연령대라면 사회적으로 유사한 준거집단에 속해 공감대를 형성하기 마련이니까요. '2030 여성', '5060 남성'과 같은 범주화는 마케팅을 비롯해 다양한 분야에서 흔히 사용되고 있죠.

콘텐츠의 타깃 범주에 가장 큰 영향을 미치는 요소 중 하나가 콘텐츠 포맷입니다. 뷰티와 패션 관련 콘텐츠라면 여성 타깃에게, 게임 관련 콘텐츠라면 남성 타깃에게 매력도가 높은 것처럼요. 하지만 토크와 같이 연령과 성별을 불문하고 대중적으로 인기 있는 포맷이라면 출연진에 따라 타깃이 달라질 수 있습니다. 10대 여성과 40대 남성이 공감하고 선호하는 캐릭터는 서로 다를 수밖에 없으니까요.

그렇다면 탁재훈이 등장하는 토크 포맷 콘텐츠인 〈노빠꾸탁재훈〉의 주요 타깃은 누구일까요? 2024년 2월 랭키파이가 포털 및 소셜 미디어 데이터를 기반으로 분석한 결과, 탁재훈에 대해 남성(52퍼센트)이 여성(48퍼센트)에 비해 높은 선호도를 보였습니다. 전체 연령별 관심 비율은 10대 5퍼센트, 20대 15퍼센트, 30대 21퍼센트, 40대 26퍼센트, 50대 34퍼센트로 나타났는데요. 이러한 결과를 보았을 때 탁재훈이 출연하는 콘텐츠는 30대 이상 남성 타깃에게 호감을 얻기에 유리하다는 가설을 도출할 수 있습니다.

시청자 데이터로 가설 검증하기

티저는 앞서 도출한 가설을 검증할 수 있는 가장 확실한 방법입니다. 콘텐츠 본편을 발행하기 전 시청자들의 기대를 모으는 동시에 어떤 시청자가 콘텐츠에 관심을 보이는지 명확하게 확인할 수 있는 수단이기 때문인데요. 〈노빠꾸탁재훈〉 시즌 1 티저 영상을 발행했을 당시 시청자 중 무려 80퍼센트 가량이 남성이었습니다. 그중에서도 특히 35~44세가 가장 높은 비중을 차지했는데, 이로써 30대 이상 남성이 주요 타깃이 될 것이라는 가설이 검증된 셈입니다.

그런데 여기에서 함께 고려해야 할 요소가 게스트입니다. 게스트는 콘텐츠의 중심이 되는 이야기를 풀어가는 주체이며, 토크 포맷의 콘텐츠에서 시청자의 주목도가 가장 높은 요소이기도 합니다. 그만큼 타깃이 관심 있게 볼 만한 게스트를 섭외하는 것이 중요하죠.

메인 출연자 선호 타깃과 게스트 선호 타깃이 상이하다면 시청자 데이터에도 자연스럽게 변동이 생길 수밖에 없습니다. 〈노빠꾸탁재훈〉 시즌 1에서 타깃 범주 가설과는 다른 시청자가 유입되었던 사례를 예시로 들어보겠습니다. 당시 티저 발행 후 시즌 1의 첫 회 게스트로는 방송인 풍자가 출연했습니다. '아는 언니'처럼 친근한 이미지와 유쾌한 입담으로 이름을 알린 만큼 주로 여성 시청자들에게 지지를 받는 인물인데요. 〈노빠꾸탁재훈〉의 티저 영상에서 여성 시청자의 비율은 20퍼센트에도 미치지 못했지만, 1회 풍자 편에서는 50퍼센트 이상을 차지했습니다. 티저에 비해 많은 여성 시청자가 유입된 만큼 조회수 성과도 우수했죠.

특정 범주에 한정되지 않고 폭넓은 시청자가 유입되면 더 좋은 것이 아닐까요? 이때 주목해야 할 것은 구독 전환율입니다. 콘텐츠 단건의 성과만 높이는 것이 아니라 후속 콘텐츠의 트래픽도 확보해야 채널이 성장할 수 있기 때문인데요. 채널 운영의 방향성과 결이 다른 시청자가 증가한다면 단기적인 조회수 확보에는 유리할 수 있지만, 이들을 구독자로 만들기는 어렵다는 한계가 있죠. 실제로 〈노빠꾸탁재훈〉 시즌 1은 1회 풍자 편 이상의 조회수를 달성한 콘텐츠가 나오지 못한 채 종료되었습니다.

타깃 페르소나 설정하기

실제 시청자 데이터를 통해 가설을 검증했다면, 이후 섬세하게 타깃 페르소나를 설정하는 과정을 거쳐야만 합니다. 누구나 보는 콘텐츠가 아니라 구독 버튼을 누르게 하는 콘텐츠가 되어야만 지속적인 채널 성장으로 이어질 수 있기 때문인데요. 〈노빠꾸탁재훈〉 시즌 2는 시즌 1의 레슨런을 기반으로 타깃을 더 세분화하고, 타깃 페르소나를 명확하게 정의했습니다.

〈노빠꾸탁재훈〉 시즌 2의 타깃 페르소나는 '남성지《MAXIM》을 즐겨 보는 30대 남성'이라고 할 수 있습니다. 이는 실제 해당 잡지 구독 여부를 논하는 것이 아니라, 《MAXIM》과 같이 남성 타깃 사이에서 주로 언급되는 이슈에 대한 관심도에 주목한 것인데요. 남성들 사이에서 화제가 되는 인물이나 가십에 기민하게 반응하는 시청자들은 유튜브에서도 유사한 콘텐츠를 원한다는 니즈를 겨냥한 것이죠.

그래서 게스트 또한 3545 남성 타깃 선호도가 높은 여성 위주로 섭외되었습니다. 《MAXIM》의 표지 모델 선발 대회인 '미스 맥심 콘테스트' 후보자부터 치어리더, 유튜버, 여자 아이돌 그룹 멤버 등 다양한 게스트가 출연해 남성 시청자가 호기심을 가질 만한 이야기를 풀어내도록 했죠.

그 결과 2024년 2분기 기준 채널 구독자 남녀 성비는 약 9대 1 수준으로, 채널 운영 또한 남성 타깃에 어울리는 톤 앤드 매너로 이루어지고 있습니다. 2024년 1분기 기준 조회수 TOP 5는 오구라 유나 편, 이효리 편, 김예원 편, 다나카 편, 이지영 편이며, 조회수 TOP 10 중 남성 게스트가 출연한 콘텐츠는 다나카 편, 나선욱&남현승 편으로 총 두 편뿐입니다.

커버리지 확장하기

브랜드의 생명 주기는 도입기, 성장기, 성숙기, 쇠퇴기까지 4단계로 나뉘고, 그중 성장기부터 성숙기에 브랜드의 매출 및 이

익이 극대화됩니다. 유튜브라는 플랫폼 또한 유저의 소비를 먹고 사는 브랜드라 할 수 있습니다. 이곳에 '입점'한 채널은 성장기와 성숙기를 거쳐 필연적으로 오는 쇠퇴기를 어떻게 극복할까요? 애써 모은 '구독자'라는 로열 오디언스를 놓칠 수는 없는 법이죠. 대부분의 채널은 '새로운 시리즈 론칭'을 해답으로 생각하는 듯합니다.

대중이 타깃인 레거시 미디어에서 시청자 확장은 곧 '국민 ○○'가 되는 것이었습니다. 전 국민에게 사랑받는 프로그램에 '국민 예능', '국민 드라마'라는 칭호가 붙었던 것처럼요. 그러나 미디어의 형태가 다양해지고 콘텐츠의 수가 기하급수적으로 많아지면서 성별과 연령을 불문하는 대중성 확보는 점점 더 어려워지고 있습니다. 무수히 많은 콘텐츠 중 내 취향에 꼭 맞는 콘텐츠를 찾는 것은 시간과 노력이 꽤 많이 드는 일입니다. 그보다는 나에게 최적화된 알고리즘이 추천해주는 콘텐츠를 보는 것이 더 효율적이죠.

그래서 구독자를 늘리기 위해 완전히 새로운 콘텐츠를 선보인다는 전략에는 다소 위험 부담이 따릅니다. 이전과는 다른 방향성으로 인해 기존 채널의 콘텐츠를 마음에 들어 했던 구독자가 이탈할 수도 있습니다. 또한 어떤 콘텐츠를 만드는 크리에이터 인지 그 정체성이 모호해지면서 신규 유입 시청자가 구독 버튼을 누르도록 유인할 매력도가 반감될 수도 있습니다.

따라서 최근 많은 구독자를 확보한 크리에이터들은 시청층 확장을 위해 새로운 시리즈를 론칭하되, 기존 타깃의 시청을 기 반으로 합니다. 원래 업로드하던 콘텐츠에서 크게 벗어나지 않 는 선에서 새로운 콘셉트, 출연자 등 요소를 추가하거나 조합하 는 방식이죠. 앞에서 예시로 들었던 〈노빠꾸탁재훈〉에서도 이러 한 전략으로 시리즈를 확장해나가고 있습니다.

가장 먼저 채널과 동명의 시리즈인 '노빠꾸탁재훈'은 취조실 에서 수사반장 탁재훈과 수사관 신규진이 게스트를 탐문하는 포 맷으로 시작되었는데요. 이들이 하나의 팀이 되어 짓궂은 멘트 를 주고받으며 게스트의 솔직한 반응을 이끌어내는 것이 콘텐츠 의 핵심이었습니다. 이후 '탁재훈의 압박면접'에서도 이 포인트 는 그대로 유지하되, 그들이 면접관이 되어 브랜드 광고 모델 면 접을 본다는 새로운 콘셉트를 활용했습니다. 제목처럼 면접자에 게 심리적 압박을 주기 위해 민감한 질문을 던지는 것이죠.

여기에 새로운 출연자로 예원을 합류시켰습니다. 예원은 고 정 MC로 합류하기 이전에 먼저 '노빠꾸탁재훈' 게스트로 출연해

탁재훈, 신규진과의 '케미'를 검증한 바 있습니다. 특히 과거 예능 프로그램 촬영 중 생겼던 이슈를 일부러 장난스럽게 언급하며 예원을 놀리는 모습이 자연스러운 웃음을 이끌어내 구독자들의 호평을 모았죠.

이를 그대로 '탁재훈의 압박면접'에 가져왔을 때 생긴 시너지는 굉장했습니다. 탁재훈과 신규진의 공격형 멘트가 게스트만을 향하는 것이 아니라 MC 간에도 오가면서 게스트 또한 이 흐름에 자연스럽게 어울릴 수 있도록 캐릭터화했습니다. 게스트를 콘텐츠에 더 조화롭게 융화시킴으로써 재미를 더하고, 게스트의 팬을 효과적으로 유입시킨 것입니다.

+α를 만드는 비결

소설의 구성 요소가 인물, 사건, 배경인 것처럼, 콘텐츠도 인물, 사건, 배경을 중심으로 구성하여 매력적인 세계관을 만들 수 있습니다. 이때 세계관이 반드시 거창하거나 완전히 새로운 창작물이어야 할 필요는 없는데요. 시청자들이 쉽게 이해하고 공감할 수 있는 요소에 자신만의 개성을 더한다면 매력적인 세계관을 만들 수 있습니다.

영화, 드라마, 심지어는 K팝까지. 장르를 가리지 않고 콘텐츠가 있는 곳이라면 어디에서나 세계관이라는 말이 심심치 않게 거론됩니다. 세계관이란 쉽게 말하자면 창작물을 구성하는 고유한 설정인데요. 마블 스튜디오가 제작한 슈퍼 히어로 시리즈, MCU Marvel Cinematic Universe를 생각하면 이해가 쉽습니다. 아이언맨, 헐크, 토르 등 히어로가 등장하는 에피소드가 각각 존재하는 듯 보이지만 같은 배경 설정을 공유하고 있어 스토리에 유기성이 있죠. 스토리가 진행될수록 새로운 인물이나 설정이 공개되며 그 규모가 점점 팽창하는 것 또한 팬들이 열광하는 매력 포인트이고요.

유튜브 크리에이터들 또한 다양한 세계관을 선보이고 있습니다. 규모감을 강조하기 위해 보통 유튜브에서는 보기 드문 크기의 세트장 등을 활용하기도 하지만, 규모는 크지 않더라도 누구나 공감할 법한 요소를 녹여 현실감을 극대화하기도 합니다. 그냥 지나갈 법한 작은 요소 하나하나를 더 잘게 쪼개어 나노 단위의 디테일을 설정해 집중도를 높이기도 하죠.

이러한 세계관은 콘텐츠의 재미를 배가하는 요인으로 작용하는데요. 크리에이터 〈사내뷰공업〉은 유튜브의 강점인 양방향 소통을 적절히 활용한 세계관 구축으로 주목받았습니다. 중학생 일진 황은정이 등장하는 '다큐 황은정', 대학교 새내기 박세은이 등장하는 '다큐 박세은' 등 시리즈를 제작했는데, 여러 캐릭터의 성격이나 감정 등을 생생하게 묘사해 '명예 인류학자'라고 불릴 정도죠.

흔히 소설 구성의 3요소를 인물, 사건, 배경이라고 합니다. 세계관도 소설과 같은 이야기의 설정을 일컫는 용어인 만큼, 〈사내뷰공업〉의 세계관을 동일한 3요소로 분석해보고자 합니다.

인물

세 가지 요소가 모두 중요하지만 그중 중심이 되는 것은 역시 크리에이터, 즉 인물일 겁니다. 크리에이터 콘텐츠의 근간은 역시 크리에이터 본인이니까요. 크리에이터의 모습을 어떤 캐릭터로 담아내는가에 따라 콘텐츠 전체의 방향성이 정해집니다.

〈사내뷰공업〉의 경우 캐릭터가 마치 실제 인물인 것처럼 '이런 것까지?' 싶은 부분까지 놓치지 않고 섬세하게 구성하여 연기합니다. 인물별 외모, 성격, 취향, 말투 등을 굉장히 디테일하게

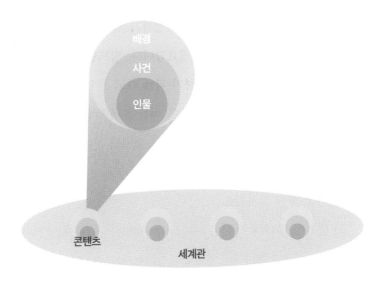

| 콘텐츠 구성의 3요소 |

설정하고 있는데요. '김민지'와 '신지유'의 중학생 시절 모습을 담은 숏폼 콘텐츠부터 이들이 어른이 된 모습을 다룬 예능 패러디까지, 폭넓은 장르와 이야기로 세계관을 계속해서 확장해나가고 있습니다.

사건

인물이 설정되었다면 그다음으로 따라오는 것은 이들이 움직이면서 발생하는 사건입니다. 이때 시청자가 세계관에 몰입하도록 만들기 위한 빌드업build-up이 필요합니다. 빌드업이란 축구에서 쓰이는 용어로, 득점에 성공하기 위해 아군 선수끼리 패스를 연결하는 등의 과정을 의미하는데요. 이를 콘텐츠에서도 비슷한 맥락으로 사용합니다. 흔히 개그 멘트를 던지기 전에 더 큰 웃음을 유발하기 위해 설명을 더하거나 분위기를 조성하는 과정을 빌드업이라고 하는 것처럼요.

콘텐츠에 하나의 사건이 존재하기 위해서는 이를 뒷받침하는 개연성이 필요합니다. 그리고 여기에서도 중심이 되는 것은 세계관의 주인공인 크리에이터입니다. 인물 설정을 기반으로 해당 인물이 특정 상황에 처했을 때 어떻게 행동할지를 생각하고, 인물의 개성을 유지하는 방향성을 지속해가는 것이죠. 그래야 시청자들로 하여금 인물과 사건을 자연스럽게 이해하며 세계관에 빠져들게 할 수 있고, 일정한 방향으로 세계관을 확장할 수도 있습니다.

여기에 의외성을 더하면 재미를 극대화하는 동시에 캐릭터를 더 입체적으로 만들 수도 있는데요. 사람에게 여러 가지 성격과 모습이 존재하는 것처럼, 세계관 속 인물에게도 기존에 보지 못했던 이면을 부여했을 때 더 생동감 있는 스토리가 완성됩니다. 즉 인물 설정과 사건 설정이 각각 별개의 단계로 양립하는 것이 아니라 유기적으로 이루어져야 하는 것이죠.

〈사내뷰공업〉에 등장하는 캐릭터들은 에피소드의 진행에 따라 계속해서 새로운 모습을 보여줍니다. 캐릭터가 섬세하게 설계되어 있을수록 시청자는 자연스럽게 해당 캐릭터가 특정 상황에서 어떤 반응을 보일지 예측하게 되죠. 인물이 처한 상황에 함께 몰입하며 인물의 다음 행동을 예측하기도 하고, 예상과 다른 전개로 흘러갈 때에도 인물의 심리를 추측하며 이를 하나의 재미 요소로 삼기도 합니다.

배경

배경이란 일반적으로 인물이 살아가는 장소나 환경을 의미합니다. 하지만 크리에이터 콘텐츠 세계관의 배경은 조금 더 넓은 시야에서 바라보아야 합니다. 세계관을 처음 만드는 것은 크리에이터이지만, 콘텐츠를 즐기고 향유하는 시청자가 이를 하나의 배경으로 인지하고 자신도 함께 어울리도록 해야만 비로소 세계관이라고 부를 수 있기 때문입니다. 영상 외에도 그 영상 속 설정과 스토리에 몰입한 시청자가 채운 댓글란까지가 하나의 콘텐츠가

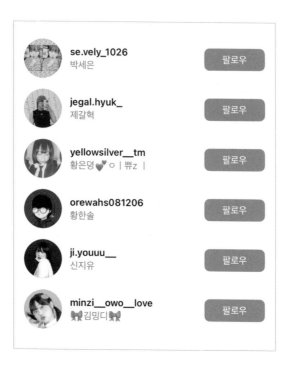

| 〈사내뷰공업〉 캐릭터별 인스타그램 계정 ⓒ파괴연구소 |

되는 것이죠. 이처럼 크리에이터와 시청자가 동일한 세계관 속에서 함께 어울릴 수 있도록 하는 것이 중요합니다.

한때 콘텐츠·엔터테인먼트 업계를 휩쓴 부캐* 열풍은 이제

---

* 부캐릭터의 줄임말로, 본래 개인이 가진 캐릭터 외에 새로운 자아를 만들어 표현하는 것을 뜻한다.

하나의 스테디 키워드로 자리 잡았는데요. 시청자들은 그만큼 한 명의 크리에이터가 여러 세계관을 만들어 다수의 캐릭터를 연기하는 것에 익숙해졌습니다. 그래서 인상 깊은 세계관 콘텐츠로 시청자의 마음을 사로잡기 위해서는 시청자도 세계관 속 인물처럼 몰입할 수 있도록 하는 배경을 제공해야 합니다.

〈사내뷰공업〉은 시청자가 단순히 콘텐츠를 수동적으로 받아들이는 것이 아니라 콘텐츠 속 사건의 맥락을 함께 이해하고 공감하게 함으로써 몰입감을 높입니다. 유튜브에는 여러 캐릭터들이 함께 등장하는 콘텐츠를 업로드한다면, 인스타그램에는 각 캐릭터별 특성을 살린 개인 계정을 개설했는데요. 시청자들은 크리에이터 〈사내뷰공업〉이 아닌 박세은, 제갈혁 등 캐릭터들을 실제 인물처럼 대하며 댓글을 달고 소통합니다. 그리고 이는 인스타그램을 벗어나 유튜브에서 콘텐츠를 시청할 때도 더 깊게 몰입할 수 있는 배경 설정이 되고요.

도입기

성장기

전환기

화제성과 대세감

Popularity & Trendiness

'인급동' 없이
알고리즘을 정복하는 방법

불특정 다수 시청자의 알고리즘에 콘텐츠가 노출되어 조회수와 구독자 수 등 수치의 성장을 경험하는 크리에이터들이 있습니다. 이러한 현상을 흔히 '알고리즘을 탄다'거나 '알고리즘의 선택을 받았다'라고 하는데, 마치 희박한 확률을 뚫고 당첨되는 복권처럼 여겨지는 경우가 많습니다. 그 이유는 유튜브 알고리즘의 콘텐츠 추천 기준이 명확한 수치 등으로 정의되지 않았기 때문인데요.

알고리즘을 탔을 때 채널 성장 효과를 누릴 수 있는 것은 콘텐츠 노출 범위가 확장되기 때문입니다. 원래 우리 콘텐츠를 시청한 적이 없거나 구독자가 아니었던 유저들이 대거 유입되니까요. 중요한 것은 '이렇게 해야 알고리즘을 탈 수 있다'는 법칙만을 무조건 따르는 것이 아니라, 최대한 많은 사람들이 궁금해할 만한 콘텐츠로 눈길을 끌고 대세감을 형성하는 것입니다.

그리고 대세감 형성에 가장 효과적인 방법은 화제성을 확보하는 것입니다. 이때 알고리즘만큼 강력한 효과를 발휘하는 것이 바이럴, 즉 입소문입니다. 콘텐츠를 접한 시청자들이 이에 대해 이야기를 나누며 콘텐츠가 자발적으로 확산되는 과정이죠. 그렇다면 어떻게 해야 화제성 있는 콘텐츠를 제작할 수 있을지 살펴볼까요.

티저로 기대감 높이기

궁금증까지 마케팅한다? 아리아나 그란데는 신곡 발매 전에 곡의 느낌을 은유적으로 표현한 이미지와 발매 일자를 공개했고, 영화 〈조커〉는 개봉 반년 전부터 티저를 공개하기도 했는데요. 이는 콘텐츠를 바로 보여주지 않고 궁금증을 유발해서 주목하게 만드는 마케팅 기법입니다. 애매한 정보를 보여주면 시청자는 콘텐츠에 대해 직접 탐색하게 되고, 이런 간접적인 노출에 애가 탄 이들이 자발적 바이럴을 통해 화제성을 형성하게 됩니다.

숏폼이 흥행하기 훨씬 전부터 짧은 러닝 타임으로 승부를 보던 콘텐츠가 있습니다. 바로 예고편인데요. 예고편은 짧은 시간 내에 강렬하게 시청자의 눈길을 사로잡고 전체 콘텐츠를 감상하고 싶어지도록 만듭니다. 그리고 본편이 공개되기 전부터 바이럴이 되며 화제성을 형성하는 역할도 수행하죠. 유튜브 콘텐츠도 시리즈화됨에 따라 공개 전에 출연자나 콘셉트 등의 정보가 포함된 티저를 먼저 발행하는 것이 보편화되었는데요.

〈슈퍼마켙 소라〉는 티저 영상만으로 굉장한 이야깃거리가 되어 인급동 1위를 차지했습니다. 앞서 유튜브에서 인기 급상승 동영상, 즉 인급동의 중요성을 언급한 바 있는데요. 박스오피스 1위를 차지했다는 사실이 영화의 흥행 지표인 동시에 고객의 흥미를 자극하는 마케팅 포인트가 되는 것처럼, 인급동 1위 또한 더 많은 시청자를 끌어모으는 요인이 됩니다. 인급동 1위를 차지한 〈슈퍼마켙 소라〉의 티저 영상은 구독자 수 수직 상승의 시작점이 되었죠.

이 티저 영상에서는 첫 게스트로 신동엽이 출연해 MC인 이소라와 공개 연애 이후 23년 만에 재회하는 장면을 공개했는데요. 해당 티저 영상은 공개 일주일 만에 조회수 135만 회를 달성했고 레거시 미디어에도 보도되었습니다. 그리고 1화는 공개 5일

만에 조회수 470만 회, 구독자 수 10만 명을 달성했고, 무려 닷새가 넘는 기간 동안 인급동에 올라 있기도 했죠.

숏폼을 소셜 전단지처럼

숏폼은 소셜 미디어에서 일종의 전단지 같은 역할을 수행합니다. 과거에는 콘텐츠 하나의 성공으로 홈런을 노렸지만, 이제 콘텐츠 자체의 성과 외에도 바이럴, 커뮤니티 등 여러 분야에서의 노출을 통해 다득점해야 합니다.

숏폼은 이제 미디어 방송의 새로운 생태계로서 그 입지를 견고히 하고 있습니다. 쇼츠의 흥행 이후로 유튜브 조회수 규모 자체가 팽창했으며, 쇼츠 유튜버로 이름을 알리는 채널과 콘텐츠도 많아졌죠. 나아가 쇼츠는 더 많은 시청자와의 접점으로서 콘텐츠 마케팅을 위한 필수 도구로 자리 잡고 있기도 합니다. 실제로 2023년 글로벌 크리에이터 전문 기업인 콜랩아시아가 1,500개 채널 데이터를 분석한 결과, 유튜브 채널 유입자 10명 중 7명이 쇼츠를 통해 채널을 처음 접했을 정도입니다.

숏폼이 이러한 역할을 수행할 수 있는 이유는 무엇일까요? 먼저 쇼츠는 유튜브 메인 화면에서 바로 접근할 수 있도록 별도 탭으로 분리되어 있어 접근성이 높습니다. 영상 길이가 짧으니 최근 에피소드의 하이라이트를 노출하거나, 다음 에피소드가 궁금해질 만한 장면을 미리 보여줌으로써 채널 트래픽을 활성화하기에도 용이하고요. 이때 시청자가 가장 알고 싶어 할 만한 정보는 숨겨 전체 영상을 보도록 유도할 수도 있습니다.

콘텐츠 바이럴 효과를 극대화하기 위한 숏폼 포맷으로는 대표적으로 커뮤니티형 제목을 상단에 배치하는 형식이 있습니다. 커뮤니티는 오랜 시간 바이럴을 위해 꼭 활용해야 할 필수 채널

| 유튜브 채널 〈슈퍼마켓 소라〉의 쇼츠 영상들 |

로 여겨져왔는데요. 같은 커뮤니티에 소속된 유저 사이에 유대감과 신뢰감이 깊고, 그만큼 의견 교류도 활발하게 이루어지기 때문입니다. 그래서 커뮤니티형 제목은 주로 핵심을 녹이기보다는 많은 유저들이 게시글을 클릭해 댓글을 남길 만한 문장인 경우가 많습니다. 질문을 던지거나 모두가 관심을 가질 법한 키워드를 활용하는 식으로요.

조회수가 곧 구독자 수

유튜브 콘텐츠의 성과를 확인하고자 할 때는 조회수, 시청 시간, 구독자 수 등 여러 데이터를 지표로 삼을 수 있지만, 보통 조회수를 가장 유효한 지표로 삼는데요. 이는 유튜브 수익, 즉 광고 수수료를 고려해서만이 아니라, 조회수가 곧 채널 트래픽으로 이어지는 '구독자 수'를 뒷받침하기 때문입니다.

일반적으로 구독자 수가 많은 채널은 콘텐츠 조회수도 높습니다. 그런데 조회수와 구독자 수가 반드시 비례 관계에 있는 것은 아닙니다. 예를 들어 콘텐츠 한 개가 알고리즘을 타고 괄목할 만한 조회수 성과를 달성했지만, 그에 비해 구독자 수 증가 폭은 미미할 수도 있고요. 조회수는 지속적으로 상승하더라도 구독자 이탈이 발생해 구독자 수가 감소하는 경우도 있습니다.

즉 조회수는 콘텐츠가 얼마나 많은 사람에게 도달했는지를 가장 쉽게 보여주는 지표이지만, 조회수가 높다는 사실이 곧 크리에이터에 대한 관여도나 관심도가 높다는 것을 의미하지는 않습니다. 장기적 관점에서 오래, 그리고 더 넓은 영역으로 성장하는 채널을 만들기 위해서는 조회수와 함께 구독자 수를 반드시 눈여겨봐야 합니다. 조회수 상승 폭에 비해 구독자 수 상승 폭이 작다면 그 원인이 무엇인지 분석하는 과정이 필요하죠.

구독자를 확보하는 것은 조회수를 높이는 것보다 더 어려운 일이기도 합니다. 실제로 우리는 하루에도 셀 수 없을 정도로 많은 콘텐츠를 접하지만, 그 콘텐츠를 만든 크리에이터들을 전부 팔로우하거나 구독하지는 않습니다. 해당 크리에이터의 여러 콘텐츠를 확인한 후에야 신중하게 구독 버튼을 누르죠.

그래서 소셜 미디어에는 반짝 떴다가 사라지는 시리즈가 부지기수입니다. 단발적으로 이목을 끄는 데는 성공했더라도 이후에 발행되는 콘텐츠까지 관심 있게 지켜봐줄 구독자층을 갖추지 못했기 때문인데요. 물론 한 개의 시리즈를 장수 시리즈로 키우지는 못하더라도 단발성 시리즈를 여러 차례 성공시키며 채널이 성장할 수도 있습니다. 중요한 것은 콘텐츠 방향성에 맞는 특정 시청층을 꽉 붙잡는 것이죠.

채널 수명 연장 전략

유튜브에서 스테디란 무엇일까요? 시청자는 채널이 자리를 잡기도 전에 새로움을 찾아 떠나지만, 그럼에도 오래도록 사랑받는 채널들은 존재합니다. 급변하는 트렌드 속에서 살아남은 유튜브계 스테디셀러의 성공 사례를 통해 전략을 도출해봤습니다.

아무리 사회적인 열풍을 일으킨 콘텐츠라도 수명이 존재합니다. 소비자의 선택으로 살아남는 제품과 브랜드처럼, 콘텐츠 또한 성장기와 성숙기를 거치면 반드시 쇠퇴기를 맞이하기 마련입니다. "최고점을 아는 방법은 하락밖에 없다"는 말에서 알 수 있듯이 끊임없는 성장이란 말은 허무맹랑하게까지 느껴집니다.

유튜브 생태계는 어떨까요. '오늘 뜨는 동영상', '인기 급상승 동영상'이라는 척도만 보더라도 트렌드가 시시각각 변한다는 것을

139

알 수 있습니다. 한때는 인급동에 이름을 올렸지만 흔적도 없이 사라진 채널도 있고, 유튜버라는 말을 창시한 1세대 크리에이터들은 구독자 이탈과 채널 규모에 못 미치는 조회수로 몸살을 앓습니다.

그런 아수라장에서도 끊임없이 흥행 콘텐츠를 변주하거나 각기 다른 시리즈로 배턴 터치하며 영생하는 채널들이 있습니다. 이들은 꾸준히 흥행하는 콘텐츠를 론칭하며 오래도록 사랑받고, 수억대의 누적 조회수와 100만 이상의 구독자를 기록하며 유튜브 시장에 뿌리를 내렸습니다.

롱런 채널들의 공통점을 꼽아보면 흥행의 기반이 되는 대표 시리즈를 주력으로 콘텐츠를 발행하되, 새로운 시리즈를 파생시키며 채널 규모를 키워왔다는 점입니다. 더 화제성 있는 소재, 색다른 포맷, 개성 있는 콘셉트 등을 사용해 계속해서 시도를 이어가고요. 이 채널들이 각각 어떤 콘텐츠 전략으로 롱런에 성공했는지 분석하고 구체적인 사례들을 살펴보고자 합니다.

흥행작을 기반으로 한 팬덤 묶어두기, 〈스튜디오 수제〉

〈스튜디오 수제〉는 2024년 3분기 기준 구독자 114만 명을 보유한 채널입니다. 〈워크맨〉, 〈네고왕〉 제작진이 설립한 뉴 미디어 콘텐츠 제작사 채널로, 유튜브 플랫폼에 특화된 콘텐츠를 선보이며 흥행을 이어가고 있죠. 본 채널이 〈재밌는 거 올라온다〉라는 이름이던 시점, 처음 인기를 얻은 콘텐츠는 리얼리티에 토크와 인터뷰를 결합한 '또간집'이었습니다.

'또간집'은 예능인 풍자가 레거시 미디어에 노출되기 전, 풍자의 걸쭉한 입담과 거친 감성을 활용해 채널 유입을 늘렸습니다. 2024년 3분기 기준 모든 에피소드가 100만 회 이상의 조회수를 기록하고 있는데요. 시리즈가 흥행을 거듭할수록 채널의 정체성은 확고해졌습니다.

일반 시민을 만나거나 연예인의 민낯을 볼 수 있는 '날것'의 감성, 온라인상에서 소위 '뚝심 있는 인물'로 언급되는 호스트, 빠르고 긴박한 화면 전환과 편집 기법이 그것인데요. 콘텐츠의 성격이 명확해질수록 타깃층은 좁혀졌고 '탐욕의 장바구니', '아침 먹고 가' 등 이러한 기법을 철저히 지킨 후속 시리즈가 흥행을 이어갔습니다.

채널 평균 조회수는 약 170만 회를 웃돌고 있는데, 이는 구독자의 대부분이 송출되는 대부분의 콘텐츠를 열렬히 시청하는 로열 오디언스일 뿐만 아니라 구독자가 아닌 이들의 시청 빈도도 높음을 의미합니다. 즉 〈스튜디오 수제〉는 레거시 미디어에 빗

스튜디오 수제

채널 개설 2022. 04. 05 | 구독자 114만 *2024년 3분기 기준

2022. 12. 19
'또간집' EP.17 김호영 게스트 출연

2022. 04. 08
'또간집' 론칭

2022. 05. 13
'돌출입터뷰' 론칭

2023. 04. 13
'탐욕의 장바구니' 론칭

2023. 05. 09
'아침먹고 가' 론칭

2022. 06. 03
채널 콘텐츠 최초로 PPL 도입

2022. 11. 25
채널 콘텐츠 최초로 딜커머스형 광고 도입

| 〈스튜디오 수제〉 콘텐츠 타임라인 |

대면 Mnet, Olive TV처럼 명확한 아이덴티티로 폭넓은 대중의 이목을 끌 수 있는 방송국인 셈입니다.

유튜브라서 가능한 버라이어티 유니버스, 〈스튜디오 와플〉

〈스튜디오 와플〉은 종합 엔터테인먼트사 CJ ENM의 디지털 스튜디오로, 2024년 3분기 기준 구독자 155만 명을 보유한 대형 웹예능 채널입니다. 채널 개설 이후부터 단 한 번도 화제성을 놓친 적 없는 '대감집'이지만, '비방용'을 얄밉게도 잘 곁들이고 있습니다.

예컨대 〈스튜디오 와플〉의 터줏대감 '튀르키예즈 온 더 블럭'은 tvN의 〈유 퀴즈 온 더 블럭〉의 형식에 〈코미디빅리그〉의 캐릭터를 의도적으로 허술하게 결합해 자발적으로 아류를 지향하는데요. 〈유 퀴즈 온 더 블럭〉의 퀴즈 콘셉트, 진행 방식 등의 요소를 차용하면서, 이를 〈코미디빅리그〉에서 희극인 이용진이 연기한 '튀르키예 아이스크림 아저씨'의 입을 빌려 구현했습니다.

이 채널에 얄밉다는 수식어를 붙인 이유는 또 있습니다. 이용진을 캐릭터로 활용한 것처럼, 휴먼 IP에 대한 전략이 뛰어나다는 겁니다. 과장을 조금 덧붙이자면 MCU가 옴니채널을 이용하는 방식과도 유사합니다. 시청자가 반응하는 휴먼 IP를 중심으

스튜디오 와플 - STUDIO WAFFLE

채널 개설 2021. 02. 09 | 구독자 155만 • 2024년 3분기 기준

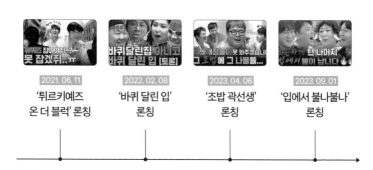

2021. 06. 11	2022. 02. 08	2023. 04. 06	2023. 09. 01
'튀르키예즈 온 더 블럭' 론칭	'바퀴 달린 입' 론칭	'조밥 곽선생' 론칭	'입에서 불나불나' 론칭

| 〈스튜디오 와플〉 콘텐츠 타임라인 |

로 콘텐츠 콘셉트를 구성하는 점만 봐도 그렇습니다.

'바퀴 달린 입'에서 여행 유튜버였던 〈곽튜브〉의 '찐따 감성'을 발견한 뒤에는 그를 메인으로 내세운 '조밥 곽선생'을 론칭해 시즌 2까지 방영했습니다. 반대로 '튀르키예즈 온 더 블럭'에서 진가를 보여준 희극인 신기루를 신규 시리즈인 '입에서 불나불나'의 패널로 섭외하기도 했고요. 이는 콘텐츠 콘셉트를 먼저 구축하고 패널을 섭외했던 기존 제작 방식을 역행하는 흐름입니다.

스핀오프로 부캐 확장 그리고 타깃 확장, 〈뜬뜬〉

〈뜬뜬〉은 2024년 3분기 기준 구독자 212만 명을 보유한 채널로, 제작사는 연예 기획사 '안테나'의 자회사인 '안테나 플러스'입니다. 다른 연예 기획사들의 채널과 차별화되는 행보가 있다면, 기획사의 이름을 드러내지 않고 아이돌 자컨*처럼 소속 연예인이 중심이 되는 콘텐츠를 발행하지 않는다는 점입니다.

도리어 예능 요소와 영상 효과를 줄여 토크에 충실한 롱폼 콘텐츠를 정기적으로 발행하고 있는데요. 대표작은 유재석의 '핑계고'로, 후속 혹은 외전 격 콘텐츠를 지속적으로 발행하며 그 대를 이어나가고 있습니다.

'핑계고'는 2024년 3분기 기준 평균 조회수 약 290만을 기록하며 큰 인기를 끌고 있는데요. 배우 차태현, 조인성, 한효주가 출연한 회차는 조회수 1,143만 회를 기록하며 1,000만대를 돌파했고, 배우 이동욱과 희극인 조세호, 남창희가 출연한 회차 중 하나는 무려 조회수 1,282만 회를 달성했습니다.

여기까지 보면 휴먼 IP를 활용한 〈스튜디오 와플〉과 비슷해

---

* 자체 콘텐츠의 약자로, 연예 기획사에서 자사 연예인을 출연시켜 자체 채널에 발행하는 콘텐츠를 뜻한다.

보이지만, 〈뜬뜬〉은 스핀오프를 적용했다는 점에서 차별점이 있습니다. '이달의 계원' 시리즈는 '핑계고'에서 큰 활약을 보인 게스

뜬뜬 DdeunDdeun
채널 개설 2022. 10. 04 | 구독자 212만 *2024년 3분기 기준

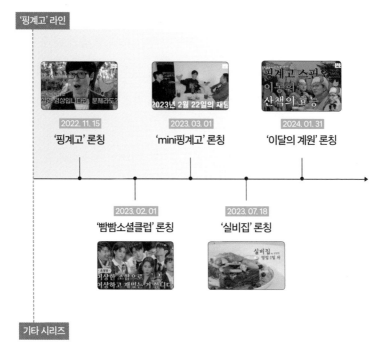

'핑계고' 라인

'핑계고' 론칭
2022. 11. 15

'mini핑계고' 론칭
2023. 03. 01

'이달의 계원' 론칭
2024. 01. 31

'빰빰소셜클럽' 론칭
2023. 02. 01

'실비집' 론칭
2023. 07. 18

기타 시리즈

| 〈뜬뜬〉 콘텐츠 타임라인 |

트를 메인으로 하는 시리즈입니다. 〈스튜디오 와플〉이 토크 포맷을 그대로 차용해 휴먼 IP를 적재적소에 녹인 케이스라면, '이달의 계원'은 오리지널 IP와는 전혀 다른 포맷과 흐름을 보여줍니다.

월간으로 발행되는 '이달의 계원'의 분량은 보통 30여 분이며, '핑계고'와 달리 화면 전환도 잦고 자막 등의 편집 효과도 훨씬 극적입니다. 브이로그, 비하인드, '왓츠 인 마이 ○○', 스튜디오형 토크에 퀴즈를 결합한 포맷, 야외 인터뷰에 퀴즈를 결합한 포맷 등 다양한 영상 구성을 활용해 본편인 '핑계고'와는 다른 모습을 보여줍니다. 본편에서 다 보여주지 못한 매력을 드러내면서, 본편에서는 함부로 도전하기 힘든 다양한 포맷과 비하인드 스토리를 '이달의 맛보기'처럼 시도해보는 거죠.

도입기

성장기

전환기

구독자를 구매자로

Subscribers & Customers

재생 버튼이
'구매하기'로 이어지는 전략

크리에이터 채널의 성장은 곧 크리에이터의 수익 증대로 연결됩니다. 더 많은 구독자를 모아 더 높은 조회수를 달성할수록 크리에이터는 더 많은 수익을 얻게 되는 것이죠.

대표적으로 플랫폼의 광고 수익을 일정 비율로 정산받는 방식, 즉 '유튜브 파트너 프로그램YouTube Partner Program, YPP'이 있습니다. 정해진 자격 요건만 충족한다면 채널 콘텐츠에 자동으로 게재되는 광고로 창출된 수익을 받을 수 있는 것이죠. 유저 입장에서는 콘텐츠 재생 전이나 중간에 삽입되는 광고를 직접 마주하게 되니 이를 크리에이터의 주요 수입으로 인지하기 쉽습니다.

그런데 최근 중요성이 높아지고 있는 것은 크리에이터가 브랜드로부터 직접 받는 광고 수익입니다. 이는 크리에이터가 브랜드와 계약을 맺고 해당 브랜드의 홍보 콘텐츠를 제작 및 업로드함으로써 받는 대가인데요. 네오리치의 2023년 보고서에 따르면 약 67퍼센트의 크리에이터가 브랜드 광고비로 가장 많은 수익을 얻는다고 답했을 정도로 그 비중이 높아지고 있습니다.

광고로 시선 붙잡기

광고 콘텐츠의 주제와 방향성은 브랜드의 목적에 맞춰 설정됩니다. 콘텐츠 업로드 후에도 지속적인 노출 관리가 필요한데요. 사람들의 관심을 끌어모을 수 있는 유효기간은 약 한 달이므로, 광고 효과를 극대화하기 위해서는 그 안에 최대한 많은 사람의 시선을 끌 수 있는 콘텐츠를 만들어야 합니다.

플랫폼 광고 수익 정산에는 수치가 명확히 기재된 가이드라인이 있지만, 브랜드 광고 수익은 그렇지 않습니다. 어떤 브랜드와 협업해 어떤 콘텐츠를 만들지는 크리에이터의 역량에 달려 있죠.

물론 구독자 수 등 정량적 지표는 중요합니다. 그런데 이는 브랜드가 협업할 크리에이터를 물색할 때 가장 먼저 접하게 되는 정보이기 때문일 뿐, 그보다 더 중요한 것은 크리에이터의 콘텐츠와 브랜드의 '합'입니다. 콘텐츠의 방향성, 채널 구독자의 성향, 그리고 브랜드가 추구하는 이미지나 주요 타깃 등이 모두 가지런히 일렬을 이룰 때 광고 효과가 극대화됩니다.

이제 소비자들은 광고가 크리에이터의 주 수입원이고, 어떤 구조로 크리에이터가 돈을 버는지 너무 잘 알고 있습니다. 그렇기 때문에 콘텐츠의 주제와 맥락을 고려해 광고를 진행해야 합니다. 맥락을 파악하지 못하면 구독자들은 기존 콘텐츠가 추구하던 바와 다른 광고를 기만이라고 느끼고 신뢰를 잃게 되죠. 즉 단기적 시선에서 단건 광고 수익만 챙기는 것은 장기적인 채널 운영 관점에서는 치명적인 손해로 작용할 수 있습니다. 단순히 '이 제품이 좋다'는 것보다 '우리'에게 잘 맞으니 '당신'에게도 잘 맞을 것이라는 신뢰감을 줄 수 있어야 합니다.

느슨한 이탈 유도하기

잘 만든 광고 콘텐츠는 시청자를 움직이게 합니다. 그저 영상 시청에서 그치는 것이 아니라, 더 나아가 행동하게 해야 하는 거죠. 브랜드 제품에 대한 궁금증과 관심이 유발되어 구매 채널을 탐색하거나, 영상 아래의 더보기란이나 댓글에 연결된 구매 링크를 클릭해 구매를 검토하는 식으로요. 시청자가 광고 콘텐츠와 느슨하게 연결되어 있으면서 자발적으로 이탈하도록 만들어야 합니다.

마케팅의 궁극적인 목적은 고객의 행동을 이끌어내는 것입니다. 일단 시선을 끄는 데 성공했다면, 시청자가 콘텐츠를 보는 데서 그치지 않고 다음 액션을 취하도록 해야 하죠. 그 액션은 브랜드와 제품에 따라 이벤트 페이지 클릭부터 제품 구매, 앱 다운로드까지 천차만별이고요.

특히 크리에이터가 특정 브랜드의 광고 콘텐츠를 제작한 경우, 시청 이후의 액션은 기존에 크리에이터가 구독자들에게 쌓은 신뢰도를 기반으로 합니다. 고객이 광고 제품을 '내가 좋아하는 크리에이터가 추천하는 제품'으로 인지함으로써 우호적인 이미지가 형성되고, 이것이 행동으로까지 이어지는 것이죠.

그런 만큼 신뢰가 깨지지 않도록 하는 섬세한 콘텐츠 기획이 필요합니다. 즉 시청자들에게 광고 메시지를 강요하는 것이 아니라, 시청자가 자발적으로 브랜드에 관심을 가지고 움직이도록 유도해야 하죠. 그렇다면 자연스럽게 시청자의 참여를 끌어내 구독자를 '구매자'로 만들 수 있는 콘텐츠 전략을 살펴볼까요.

브랜디드 콘텐츠

브랜디드 콘텐츠란 브랜드 메시지를 스토리의 일부인 것처럼 자연스럽게 녹여낸 콘텐츠를 의미합니다. 브랜드명 또는 광고의 목적을 직접 언급하거나 제품 인서트 컷insert cut을 보여주기도 하고요. 직접 제품을 사용하거나 응용하면서 USP를 노출하기도 합니다. 이는 광고임을 숨기지 않고 당당하게 드러내는 이른바 앞광고 형식인데요.

핵심은 시청자가 흥미를 가지고 끝까지 시청할 수 있도록 콘텐츠로서의 매력이 있어야 한다는 것입니다. 단적으로 말하자면 시청자가 광고 콘텐츠임을 인지했음에도 이탈하지 않고 끝까지 시청하게 만들 만큼 자연스럽고 재미있어야 하죠.

이를테면 스케치 코미디 크리에이터 채널인 〈픽고 PICKGO〉는 SK텔레콤의 갤럭시 Z 플립5 사전 예약 프로모션을 홍보하는 브랜디드 콘텐츠를 제작했습니다. 그런데 콘텐츠 제목은 전자기

기와는 다소 거리가 멀어 보이는 'P끼리 여행'입니다. MBTI P인 친구끼리 계획 없이 떠난 여행에서 어려움을 겪는 모습에 프로모션 내용을 적절히 녹였습니다. 미리 식당 운영 시간을 알아보지 않아 끼니를 굶게 되자 편의점에 방문하기로 하는데, 이때 '0 청년 요금제' 가입 고객에게 제공되는 상품권을 사용하는 식으로요.

프로모션

브랜디드 콘텐츠보다 더 적극적으로 전환을 유도하는 방법으로는 프로모션이 있습니다. 가격 할인 이벤트부터 특정 기간 한정 판매 패키지, 특별 굿즈 제공 등 제품 측면에서 직접적인 이점을 확보해 설득하는 전략인데요. 먼저 콘텐츠 내에서 제품을 소개할 때 프로모션 정보를 함께 안내합니다. 그리고 고정 댓글이나 더보기란 등에 프로모션 페이지 링크를 걸어두어 관심 및 유입을 유도합니다.

이때 프로모션은 단순한 마케팅 수단이 아니라 크리에이터가 구독자에게 제공하는 혜택으로 작용하기도 합니다. 콘텐츠를 관심 있게 지켜본 시청자들에게 이득이 될 만한 정보를 제공함으로써 친밀도와 신뢰감을 높일 수 있고요. 고객 입장에서도 확실

| 유튜브 채널 〈슈퍼마켙 소라〉 |

한 이점이 생기기 때문에 브랜드에 대한 우호도를 함께 높일 수 도 있죠.

예를 들어 〈슈퍼마켙 소라〉에서는 매일유업 '어메이징 오트' 와의 협업으로 한정 패키지를 판매했습니다. 실제 콘텐츠 내에서 MC 이소라와 게스트 엄정화가 먹었던 제품과 함께 〈슈퍼마켙 소라〉 로고가 그려진 한정 굿즈를 제공하는 세트였는데요. 해당 패키지는 직영 스토어 이외에도 라이브 쇼핑 등 다양한 방식으로 판매되었습니다.

매체로 하는 PPP

전환 목적의 광고에는 대표적으로 퍼포먼스 마케팅이 있습니다. 액션에 대해 비용을 지불하므로 캠페인 예상 비용을 정확하게 가늠할 수 있고, 직접적인 세일즈가 가능하죠. 그렇다면 콘텐츠의 확산과 구매 전환을 위해 퍼포먼스 마케팅을 접목해 보면 어떨까요?

일반적으로 콘텐츠의 조회수 그래프는 업로드 초반에 가장 가파르게 상승하고, 이후로는 완만한 형태를 유지합니다. 이를 콘텐츠의 수명이라고도 할 수 있는데, 시시각각 새로운 콘텐츠가 쏟아지는 만큼 업로드된 지 한 달만 지나도 최신 콘텐츠라고 부르기에는 조금 애매해집니다. 시청자들의 시선과 관심은 자연히 따끈따끈하고 신선한 콘텐츠에 모여들게 되고요.

그렇기 때문에 광고의 수명을 늘리기 위한 확산 전략이 필요합니다. 이는 단순히 콘텐츠를 최대한 많은 사람에게 노출시키는 것이 아니라, 콘텐츠 수명 주기에 따라 각 단계에 최적화된 타기팅을 의미하는데요. 여기에 최적화된 전법이 바로 PPPPerformance PPL인데, 이름 그대로 퍼포먼스 마케팅과 PPL을 결합한 것입니다.

즉 콘텐츠 PPL 장면을 퍼포먼스 광고 소재로 활용하는 것이죠.

콘텐츠에 실린 광고, 즉 PPL은 콘텐츠 수명의 영향을 받습니다. 업로드 초반 상승기에는 많은 시청자가 광고를 접하지만, 이후 하강기에는 노출이 감소하는 만큼 매출도 점점 하락하는 것인데요. 그만큼 PPL은 단기간 내에 빠르게 인지도를 향상시키는데에는 유리하지만 구매 전환을 지속적으로 이어가기에는 한계가 있습니다. 브랜드 인지도를 높여 잠재 고객을 확보했다고 해도 이들이 실제 구매까지 이어졌는지 측정하는 데 어려움이 있기도 하고요.

한편 투입 비용 대비 판매 전환율을 명확하게 측정할 수 있

	강점	약점
퍼포먼스	• 캠페인 예상 비용을 정확하게 가늠하여 직접적인 세일즈 전환이 가능 • 비용 대비 효율적인 판매 전환	시장에서 USP를 인지하지 못한 상황, 즉 상위 유입경로upper funnel가 없는 상황에서 소구할 수 있는 메시지 부족
PPL	• 단시간 내에 빠른 인지도 향상 가능 • 다른 형태의 콘텐츠로 파생시켜 활용하기에 유용	소비자에게 노출 이후 구매 전환의 측정이 어려움

| 퍼포먼스 마케팅과 PPL의 장단점 비교 |

는 마케팅 기법에는 대표적으로 퍼포먼스 마케팅이 있습니다. 캠페인에 총 얼마 정도의 예산이 필요할지 정확히 가늠할 수 있고, 해당 비용으로 몇 퍼센트의 판매 전환이 발생했는지도 수치로 확인이 가능하죠. 하지만 노출 형태가 특정 광고 구좌에 맞춰 한정되기 때문에 USP에 대한 시장 인지가 낮은 상황에서는 전달 가능한 메시지가 한정적입니다. 이 경우 할인 중심의 소구를 지속할 수밖에 없고요.

그렇다면 퍼포먼스 마케팅을 PPL에 접목해 서로의 단점은 보완하면서 강점은 극대화할 수 있다면 어떨까요? 이러한 고민의 결과로 도출한 전법이 바로 PPP입니다. 콘텐츠를 퍼포먼스 소재로 활용해 메시지를 다양화하고, 콘텐츠를 시청했던 기억을 통해 브랜드 경험을 쉽게 환기할 수 있죠. 또 출연자나 콘텐츠에 대한 긍정적인 인식을 브랜드로 끌어올 수도 있고요.

PPP의 핵심은 콘텐츠 수명 주기에 따라 다른 전략을 취해 판매 지속성을 높이는 것입니다. 먼저 많은 사람의 이목이 집중되는 상승기에는 화제성과 대세감을 최대한 끌어올려야 합니다. 이에 대해서는 앞서 '화제성과 대세감'에서 자세히 다루었죠.

하지만 하강기의 확산 전략은 조금 다릅니다. 불특정 대중을 겨냥하는 것이 아니라, 이미 콘텐츠나 브랜드를 접한 적이 있

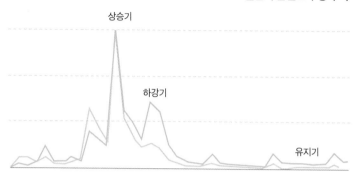

일반적 콘텐츠 수명 주기

상승기

하강기

유지기

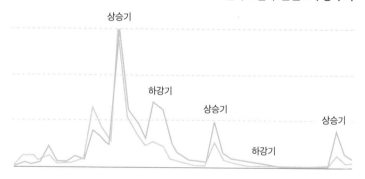

PPP 전략 도입 후 콘텐츠 수명 주기

상승기

하강기

상승기

상승기

하강기

| PPP 전략 도입에 따른 콘텐츠 수명 주기 비교 |

거나 출연자에게 호감을 가지고 있는 등 관여도가 높은 사람들로 타깃을 좁혀야 하는데요. 상승기가 최대한 많은 대중에게 눈도장을 찍는 시기였다면, 하강기에는 퍼포먼스 마케팅을 통해 상승기 동안 우리 브랜드를 인식하고 관심을 가지게 된 타깃의 주의를 환기하는 것입니다.

물론 하강기의 마케팅 활동으로 콘텐츠 업로드 초기와 같은 폭발적인 반응을 기대하기는 어렵습니다. 그러나 중요한 것은 짧은 초기 상승기에만 전환 및 매출 상승을 기대할 수 있는 기존의 콘텐츠 수명 주기에 비해 그 지속성을 연장할 수 있다는 점입니다. 상승기와 하강기 이후 큰 변동 없이 단순 유지 상태로 콘텐츠 성과를 마무리하는 것이 아니라, 하강기에 맞춘 효율적 마케팅 전략을 통해 한 번 더 상승기를 만들어낼 수 있는 거죠.

3장

크리에이터
머니타이제이션

creator monetization

채널을 안정적으로 운영하고 지속적으로 성장시키기 위해
수익은 반드시 필요합니다. 그리고 플랫폼 정산 수익 외에도
크리에이터가 콘텐츠를 수익화할 수 있는 방법은 무궁무진하죠.
실제로 콘텐츠를 통해 새로운 수익 모델을 실험 및 검증한
크리에이터 사례를 통해 콘텐츠가 그 영역을 확장하고,
더 많은 사람과 소통하는 비즈니스로 발전하는 과정을 알아봅니다.

콘텐츠 확장

Content Expansion

한계 없는 세계관으로
경계 없는 수익 모델 만들기

TV 예능 중심의 연예계에서는 'ㅇ라인'이라는 말이 통용돼왔습니다. 황금 시간대 지상파 방송을 주름잡는 메인 MC급 예능인을 주축으로 하여 여러 프로그램에 함께 출연하는 이들을 일컫는 말이죠. 유재석의 '유라인', 강호동의 '강라인'처럼요.

오늘날 뉴 미디어에서는 비슷한 듯 다르게 인물 중심의 콘텐츠 확장이 이루어지고 있습니다. 시청자에게 긍정적인 반응을 모았던 출연진을 조합해 인물 중심의 콘텐츠 IP를 구축한 후 이를 확장하는 것인데요. 이때 콘텐츠의 소재와 장르에 한계를 두지 않는 전방위적 전략은 이전에 없던 수익 모델로 이어지기도 합니다.

탁재훈을 중심으로 한 〈노빠꾸탁재훈〉은 '취조' 세계관으로 시작해 '면접', '특종 취재' 등의 포맷으로 확대되었고요. 이전 시리즈에서 화제성이 높았던 게스트가 다음 시리즈에서는 패널이 되기도 하고, 그 패널을 메인으로 하는 새로운 시리즈를 론칭하기도 했습니다.

콘텐츠의 확장은 곧 수익 모델의 확장으로 이어집니다. 콘텐츠에서 형성한 캐릭터를 기반으로 제품을 판매하기도 하고, 실제 게임 IP와의 세계관 공유를 통해 콘텐츠 내용을 게임에 반영하기도 했죠.

수익성과 효율성, 두 마리 토끼를 잡기

우리는 콘텐츠 창작자를 크리에이터라는 명칭으로 부르며 하나의 직업으로 여깁니다. 그런데 과거 '1인 미디어'나 'UCC' 등이 처음 주목받기 시작하던 시기에는 그렇지 않았습니다. 개인 단위의 콘텐츠 생산이 미디어 시장의 새로운 흐름으로서 인정받기 시작했지만, 이는 하나의 업業이라기보다는 취미의 영역에 더 가까웠죠.

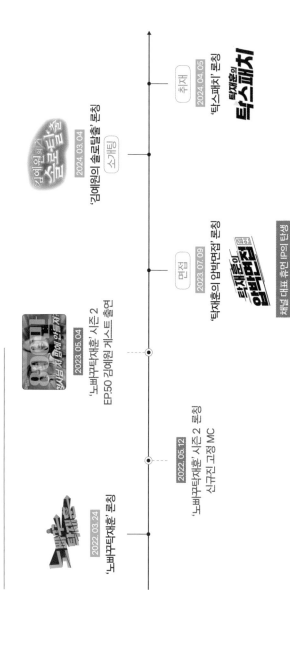

노빠꾸탁재훈

채널 개설 2021. 12. 03 | 구독자 178만 *2024년 3분기 기준

휴먼 IP에 소재의 다변화를 더한 '노배꾸' 세계관 확장

2022. 03. 24
'노빠꾸탁재훈' 론칭

2022. 05. 12
'노빠꾸탁재훈' 시즌 2 론칭
신규진 고정 MC

2023. 05. 04
'노빠꾸탁재훈' 시즌 2
EP.50 김예원 게스트 출연

| 연점 |
2023. 07. 09
'탁재훈의 압박면접' 론칭

채널 대표 휴먼 IP의 탄생

| 소개팅 |
2024. 03. 04
'김예원의 솔로탈출' 론칭

| 후지제 |
2024. 04. 05
'탁소패치' 론칭

| 〈노빠꾸탁재훈〉 콘텐츠 타임라인 |

168

당시에는 콘텐츠가 반드시 수익으로 연결되지 않아도 무방했습니다. 이 점은 큰 예산이 투입되는 만큼 수익성이 보장되는 콘텐츠를 중심으로 운영되는 레거시 미디어와 명백하게 구분되는 특징이었고요. 그 덕에 많은 크리에이터들이 기성 방송국 콘텐츠와는 달리 자신만의 개성을 한껏 살린 콘텐츠를 제작하며 지금의 크리에이터 이코노미가 형성되었습니다.

물론 지금도 콘텐츠의 가치를 수익성만으로 판단할 수는 없습니다. 다만 콘텐츠 홍수의 시대에 수없이 쏟아지는 콘텐츠 사이에서 경쟁력을 갖추고, 계속해서 양질의 콘텐츠를 생산하기 위한 원동력으로서 수익성이 매우 중요해졌습니다.

이러한 관점에서 봤을 때, 콘텐츠의 성공 확률을 효율적으로 극대화할 수 있는 전략이 바로 콘텐츠 확장입니다. 시장에서 이미 호응도를 입증한 바 있는 IP를 중심으로 그 영역을 넓혀나가는 것이죠. 이때 활용할 수 있는 전략 중 하나가 앞서 설명한 바 있는 세계관인데요. 소설의 3요소인 인물, 사건, 배경처럼 세계관 또한 각각의 구성 요소를 설정해 고유한 스토리를 구축하는 전략입니다.

소재 확장: 캐릭터에 새로운 설정 부여하기

〈노빠꾸탁재훈〉은 탁재훈과 신규진이 게스트를 취조하는 콘셉트의 토크 프로그램 '노빠꾸탁재훈'으로 세계관의 근간을 다졌습니다. 두 MC가 게스트에게 다소 신랄한 듯하지만 정감 있는 멘트를 던지는 모습, 그리고 타깃의 이목을 끄는 게스트 섭외로 화제가 되었죠. 특히 예원이 출연한 에피소드는 2024년 3분기 기준 조회수 887만 회를 기록했으며, 댓글에서도 많은 시청자들이 예원과 MC들의 '케미'를 언급했을 정도로 프로그램과 상성이 좋은 게스트로 호평을 모았습니다.

그래서 이후 '탁재훈의 압박면접'에서는 예원을 고정 MC로 섭외해 세계관의 인물 요소를 확장하고, 더 나아가 광고 모델 선정을 위해 면접을 본다는 콘셉트로 사건 요소를 확장했습니다. 이때 실제 프로그램에서 광고하고자 하는 브랜드의 모델을 선정한다는 스토리를 통해 광고 자체를 하나의 콘텐츠로 만들고, 동시에 브랜드 및 제품의 특장점을 자연스럽게 전달할 수 있도록 했죠.

탁재훈 세계관의 확장은 여기에서 멈추지 않았습니다. '탁재훈의 압박면접'에서 고정 MC는 그대로 유지하되, 면접 대신 특종 취재라는 콘셉트를 활용해 '탁스패치'를 론칭한 것인데요. 같은 인터뷰 포맷이라도 '탁재훈의 압박면접'이 브랜드 모델에 적합한지 판단하기 위한 면접을 표방했다면, '탁스패치'는 특종 기사와 그 헤드라인을 도출하기 위한 취재 과정을 담아 콘텐츠에 변주를 주었습니다.

그렇다면 '탁스패치'에는 어떻게 광고 제품을 녹여냈을까요? MC들, 즉 콘텐츠 내 기자들은 출연 게스트뿐만 아니라 광고 브랜드에서도 특종 헤드라인을 찾아냅니다. 이를 위해 광고 제품을 자세히 살펴보며 직접 체험해보고, 그 과정에서 출연진들이 나누는 대화 또한 자연스럽게 콘텐츠의 일부가 되는데요. 실제로 방송인 윤태진이 게스트로 출연한 에피소드에서는 광고 제품 소개 중 드립을 던지는 장면이 '가장 많이 시청한 부분'이기도 합니다. 그만큼 시청자들이 광고라고 해서 그냥 스킵하는 것이 아니라 콘텐츠의 일부로 재미있게 볼 수 있는 구성을 완성한 것이죠.

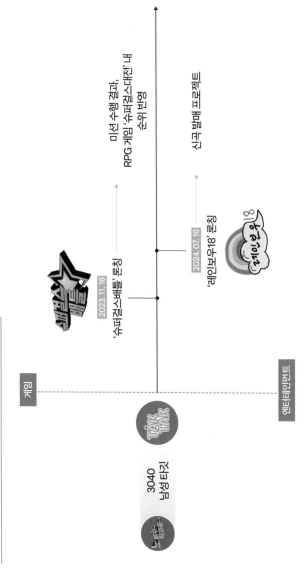

틱탁 TAKTAK

채널 개설 2023. 10. 16 | 구독자 30만 · 2024년 3분기 기준

기존 '노페무' 세계관에 새로운 장르를 결합해 콘텐츠 영역 확장

미션 수행 결과,
RPG 게임 '슈퍼걸스대전' 내
순위 반영

신곡 발매 프로젝트

'슈퍼걸스배틀' 론칭

2023. 11. 16

2024. 07. 16

'레인보우18' 론칭

게임

엔터테인먼트

3040
남성 타깃

| 〈틱탁 TAKTAK〉 콘텐츠 타임라인 |

172

장르 확장: 콘텐츠의 경계 허물기

'탁재훈의 압박면접'과 '탁스패치'가 콘텐츠의 소재를 중심으로 세계관의 3요소 중 사건을 확장했다면, 다른 장르를 결합해 배경을 확장한 사례도 있습니다. 바로 〈노빠꾸탁재훈〉의 휴먼 IP를 끌어와 채널 확장에 성공한 〈탁탁〉의 콘텐츠들인데요. 〈탁탁〉은 탁재훈의 신규 채널로 시청자에게 다가가며 핵심 팬층인 3040 남성 타깃을 중심으로 초기 구독자를 확보했습니다. 〈노빠꾸탁재훈〉에서 탁재훈과 신규진이 토크 콘텐츠를 기반으로 휴먼 IP를 확보했다면, 이를 토대로 기존 팬층을 끌어오되 토크 이외의 다른 장르를 결합함으로써 콘텐츠 영역을 확장한 전략이죠.

'슈퍼걸스배틀'은 탁재훈과 신규진, 그리고 여성 출연자 8인이 함께 출연하는 웹예능입니다. 미스맥심 콘테스트 수상으로 이름을 알린 김갑주, 김우현, 걸그룹 멤버 조현영, 김지원 등 여성 출연진이 미션을 수행하며 최고의 슈퍼걸이 누구인지를 가리는 버라이어티 형식인데요.

'슈퍼걸스배틀'이 화제를 모은 것은 화려한 출연진 덕분이기도 하지만, 게임사 아이톡시에서 출시한 게임 '슈퍼걸스대전'과 세계관을 공유하는 콘텐츠라는 점도 이목을 끌었습니다. 유튜브 콘텐츠와 게임 모두 가상의 섬 '탁 아일랜드'를 배경으로 한다는 점 등 설정도 동일하고, 웹예능 내 출연자들의 순위가 게임 캐릭터에 반영된다는 독특한 콘셉트로 콘텐츠의 경계를 허물었죠. 출연진의 팬 외에 게임 유저 사이에서도 화제를 모으며 해외 진출로까지 이어지기도 했습니다.

"이제 디지털 미디어는
레거시 미디어의 차선책이 아닌
최선책이 되었습니다.
대중화를 넘어
전문성의 단계로 들어왔어요."

•

〈노빠꾸탁재훈〉 제작진

미디어 이전

Media Migration

엔터테인먼트에서 검증된 공식을
포스트 엔터테인먼트에 이항할 때

이경규는 예능계에서 대부라 불리는 예능인입니다. 대부라는 칭호는 엔터테인먼트 업계에서 오랜 시간 굉장한 파급력을 유지해 왔음을 의미하는데, 이는 예능 시장에 변동이 생길 때마다 가장 먼저 움직이며 그 변화를 선도했기 때문에 가능한 일입니다.

그는 2016년 MBC 예능 〈마이 리틀 텔레비전〉에서 편안하게 누워 있는 모습을 선보이며 지상파 예능에서는 이례적인 '눕방'의 창조자로 불리기도 했는데요. 이후 2020년에는 카카오TV 오리지널 콘텐츠 〈찐경규〉에 출연하며 모바일 중심으로의 플랫폼 변화에 앞장서기도 했습니다. 그런 그가 유튜브 채널 〈르크크 이경규〉에서 활약상을 이어가며 반향을 일으키고 있습니다.

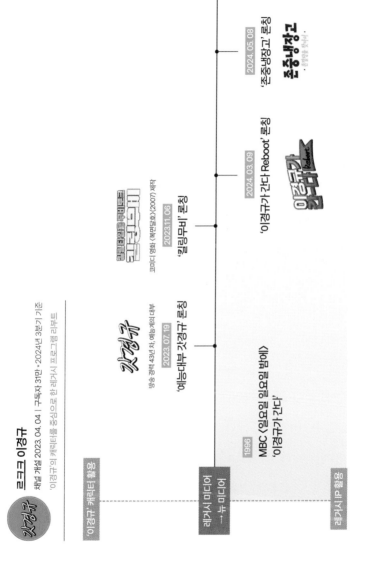

르크크 이경규

채널 개설 2023. 04. 04 | 구독자 31만 • 2024년 3분기 기준
'이경규'의 캐릭터를 중심으로 한 레거시 프로그램 리부트

'이경규·캐릭터 활용'

레거시 미디어
→ 뉴 미디어

1996
MBC 〈일요일 일요일 밤에〉
'이경규가 간다'

2023. 07. 19
'에듀테부 갓경규' 론칭

방송 경력 43년 차, 에듀케이터 데뷔

2023.11. 06
'킬링무비' 론칭

코미디 영화 〈복면달호〉(2007) 제작

2024. 03. 09
'이경규가 간다 Reboot' 론칭

2024. 05. 08
'존중냉장고' 론칭

레거시 IP 활용

| 〈르크크 이경규〉 콘텐츠 타임라인 |

예능대부의 유튜브 진출

이경규는 1981년 제1회 MBC 라디오 개그 콘테스트로 데뷔해 방송 경력이 40년이 넘은 베테랑 방송인이자 예능계의 역사입니다. 대중에게는 일명 호통 캐릭터로 널리 이름을 알렸는데요. 이에 그치지 않고 고유의 캐릭터를 살려 지상파와 케이블, 방송과 영화, TV와 인터넷의 경계를 넘나들며 활발히 방송 활동을 이어가고 있습니다.

그런 그가 유튜브로 영역을 넓혔습니다. 2023년 4월, 자신의 이름을 딴 채널 〈르크크 이경규〉를 개설한 건데요. 수십 년간 레거시 미디어에서 활동해온 터줏대감 격 방송인임에도 불구하고 미디어 생태계 변화에 기민하게 반응한 것입니다. 이경규의 유튜브 데뷔는 기성세대의 향수를 자극하면서도, 레거시 미디어에서의 그의 위상을 잘 알지 못하는 젊은 세대의 접근성을 높였죠. 여기에 방송에서 쌓아온 노하우를 콘텐츠에 녹여내며 뉴 미디어에서도 이경규의 캐릭터가 건재함을 입증했습니다.

이경규의 캐릭터는 채널 대표 시리즈인 '예능대부 갓경규'에서 잘 드러납니다. '예능대부 갓경규'는 철저히 토크가 중심이 되는 정통 토크쇼로, 독특한 콘셉트나 화려한 편집 없는 정공법의 토크를 보여주는데요. 변화하는 토크쇼의 트렌드를 따라가기보다는 본인이 가장 잘하는 토크에 집중한 것이죠. 게스트 역시 이경규의 연예계 인맥으로 구성되어 화제를 불러일으켰습니다.

특히 '규라인'이라 불리는 이경규 사단과 연관된 박명수, 은지원 등의 셀럽들이 대거 출연하여 레거시 프로그램에 이어 뉴미디어에서도 합을 맞추었습니다. MBC 예능 〈일요일 일요일 밤에〉, SBS 예능 〈스타 주니어쇼 붕어빵〉 등 여러 예능 프로그램에서 이경규와 함께했던 희극인 김국진이 출연한 회차는 2024년 3분기 기준 조회수 약 270만 회를 기록했는데요. 레거시 방송에서는 다 담아낼 수 없었던 사적인 이야기를 톱 MC의 입담으로 풀어내고, 희극인 이윤석이 어시스턴트로서 적절히 리액션을 가미해 토크에 감칠맛을 더했습니다. 그 결과 "자극적인 연출 없이 대화만으로도 빠져든다", "세 사람의 호흡이 남다르다", "재미있으면서도 깊이가 있다"라는 시청자 반응을 이끌어냈죠.

40여 년의 서사를 유튜브에 이식하기

이름을 내건 채널인 만큼 이경규는 콘텐츠에 자신의 아이덴티티를 담아내기 위한 시도를 거듭했습니다. 액션 영화 〈복수혈전〉(1992)을 연출하며 감독으로 데뷔하고, 코미디 영화 〈복면달호〉(2007) 등을 제작한 그는 꾸준히 영화 사랑을 어필해왔는데요. 이런 애정을 담아 팟캐스트 포맷의 영화 토크 콘텐츠 '킬링무비'를 론칭했습니다. 영화 평론을 표방하지만, 가벼운 '썰 풀이' 식 진행과 특유의 허를 찌르는 직설적인 화법으로 예능감을 더했습니다. 유튜브 콘텐츠 문법에 맞는 가볍게 보고 들을 수 있는 토크로, 영화를 뉴 미디어의 IP로 성공적으로 풀어낸 것이죠.

시청자의 눈과 입을 대변해 대대적인 공감과 인기를 얻었던 레거시 IP를 유튜브 스타일로 재해석해 시청자와 소통을 이어가기도 했습니다. 1996년 시작된 MBC 〈일요일 일요일 밤에〉의 프로그램 '이경규가 간다'를 재탄생시킨 것인데요. '이경규가 간다'는 정치인, 운동선수 등의 삶을 꾸밈없이 조명했으며, 특히 월드컵 특집에서는 응원 현장을 생생히 담아내 월드컵 시즌마다 거론되는 국민 방송으로 입지를 굳힌 바 있습니다. 그리고 2024년 3월 선보인 '이경규가 간다 Reboot'에는 운동선수 출신 아나운서

김환이 가세해 전문성을 더했습니다. K리그 경기 현장을 담은 영상들로, 댓글에서 시청자들이 경기의 여운을 나누기도 했죠. 이외에도 대한민국에 '정지선 지키기' 붐을 일으킨 공익 예능의 대명사 '양심냉장고'는 유튜브 '존중냉장고'로 돌아왔습니다. 전동킥보드 무단 주행 등 오늘날의 사회 문제를 꼬집으며 자극적인 재미를 좇는 콘텐츠 시장에 도전장을 내밀었죠.

사실 이경규 외에도 많은 레거시 미디어 셀럽들이 유튜브에서의 확장을 이어나가고 있습니다. 하지만 오랜 경력과 거대한 팬덤이 존재하더라도 레거시 미디어의 문법만을 답습한 콘텐츠로는 흥행을 보증하기 어렵습니다. 따라서 뉴 미디어 생태계에 대한 깊은 이해, 그리고 달라진 시청 형태에 대한 조사가 수반되어야 합니다.

"유튜브에 대한
수요가 급증하면서
자연스럽게 자본의 흐름이
유튜브로 흘러왔습니다.
그만큼 유튜브 콘텐츠의 진입 장벽도
낮아졌지만, 머니타이제이션을
고려할 때는 다양한 시각에서
더 폭넓게 고민해야 합니다."

<르크크 이경규> 제작진

캐릭터

콘셉트

팔로워

커뮤니티

팬덤 비즈니스

Fandom Business

지지를 넘어 소비로 이어지는
엔터테인먼트 특화형

글로벌 팬덤으로 초기 구독자 확보

유튜브 채널을 개설할 때 가장 빠르게 구독자를 모으는 방법은 무엇일까요? 탄탄한 팬덤을 확보하고 있는 연예인 또는 인플루언서를 내세우는 것입니다.

트와이스 정연이 처음 웹예능 메인 MC를 맡아 화제가 된 〈감별사〉 또한 이러한 전략을 활용했습니다. 정연 본인의 팬덤 파워와 함께 선배 가수인 김재중, 온유, 뱀뱀 등 화려한 게스트 라인업으로 티저 업로드 이후 두 달 만에 구독자 12만 명을 돌파, 수백만 회의 조회수를 확보했고 해외 트래픽을 가져오는 데에도 성공했습니다.

　팬덤을 기반으로 한 수익화 모델의 가장 큰 가능성은 바로 오프라인에서의 확장성입니다. 〈감별사〉의 경우 스타의 애장품을 기부받는다는 포맷을 활용해 오프라인 팝업스토어를 연계하거나, 정연과 게스트를 기반으로 콘서트를 진행하는 것도 가능합니다. 특히 기부 아이템을 통해 기부금을 모으는 방식에서 특정 커머스 플랫폼과 독점 입찰 계약을 맺어 유튜브 콘텐츠로 모은 트래픽을 이전하거나 활용하는 방안도 가능하죠.

　견고한 글로벌 팬덤의 지지로 티저 공개 이전부터 화제를 모았던 〈감별사〉는 메인 MC만큼이나 화려한 게스트로 매 화 이목을 끌고 있습니다. 첫 화에는 아이돌 '동방신기'로 데뷔해 국내 엔터테인먼트의 역사를 새로 썼던 가수 김재중이 출연했는데요. 정연과의 유쾌한 연예계 선후배 케미를 선보이며 양 팬덤 모두에게서 긍정적인 반응을 얻기도 했죠.

　이뿐만 아니라 가수 온유, 뱀뱀 등 여러 아이돌 선배가 출연해 각 팬덤의 기대를 불러일으킨 데 이어, 같은 그룹의 멤버 지효가 출연한 회차는 인기 급상승 동영상에 오르며 그 화제성을 증명하기도 했습니다. 더불어 KBS 2TV 〈슈퍼맨이 돌아왔다〉에 출연해 '호우 부자' 붐을 일으킨 펜싱 선수 김준호, 김은우 부자가

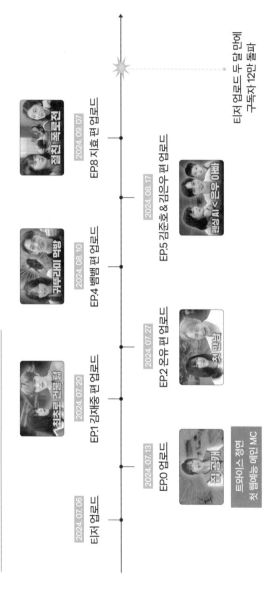

감별사

채널 개설 2024. 07. 01 | 구독자 18만 • 2024년 3분기 기준

박 셀럽 MC와 게스트의 에피소드로 편당 중심의 화제성 확보

2024. 07. 06
티저 업로드

2024. 07. 13
EP.0 업로드

트와이스 정연
첫 회에는 메인 MC

2024. 07. 20
EP.1 김제동 편 업로드

2024. 07. 27
EP.2 은유 편 업로드

2024. 08. 10
EP.4 백밤 편 업로드

2024. 08. 17
EP.5 김준호 & 김은우 편 업로드

2024. 09. 07
EP.8 지효 편 업로드

티저 업로드 두 달 만에
구독자 12만 돌파

| 〈감별사〉 콘텐츠 타임라인 |

190

참여해 연예계를 넘어선 폭넓은 게스트층을 보여주기도 했고요.

빅 셀럽에 의존하지 않고, 빅 셀럽을 활용하는 기획

처음으로 웹예능 단독 MC에 도전해 팬덤의 기대를 한 몸에 받았던 정연의 활약도 주목할 만합니다. 감별사라는 전문성 있는 역할과 대비되는 엉뚱한 면모, 마음에 드는 물건이 있으면 게스트가 기부 의사를 밝히기도 전에 기부품으로 추가하는 과감한 행동은 재미를 배가하는 요소입니다. 겸손함과 유들유들함을 자유자재로 오가는 정연의 진행은 이전에는 볼 수 없었던 다채로운 모습을 선보이며 국내외를 불문하고 팬덤의 높은 만족을 끌어냈죠.

〈감별사〉는 유명 셀럽의 출연만으로 인기를 꾀하지 않았습니다. 팬덤이 궁금해하는 이야기를 단순히 스튜디오 토크식으로 다루는 것이 아닌, 애장품이라는 주제로 변주를 주어 예능감을 더해 전달한 것이죠. 이 채널에서는 메인 MC가 게스트를 찾아가 그들의 애장품을 직접 감별하는 과정에서 자연스럽게 게스트의 자택, 작업실 등 사적인 공간과 그들의 애장품에 얽혀 있는 사연이 공개되곤 합니다. 김재중이 설립한 연예 기획사 건물 내부가 방송 최초로 공개되고, 기부품으로 내놓은 보드 가방이 정연과 함께 구매한 것이라는 사연이 밝혀지며 화제가 되었던 것처럼요.

〈감별사〉는 이러한 주제를 PPL에도 자연스럽게 녹여냈습니다. 광고 제품이 마치 셀럽의 애장품처럼 보이는 효과를 낸 것이죠. 일례로 정연은 갤럭시 Z 플립6를 소개하며 자신이 갤럭시 플립 유저임을 밝혔는데요. 제품 유저임을 어필하며 이어가는 소개는 마치 정연의 제품이 애장품인 것처럼 보이게 해 진정성을 더했습니다. 팬덤 역시 "정연이 (광고 제품을) 사용하는 것을 보니 갤럭시로 갈아타고 싶다", "정연이 갤럭시 플립 쓰는 걸 놓치지 않은 삼성, 일 잘한다" 등의 긍정적인 반응을 보였고요.

또한 스타의 공간에 방문하는 콘텐츠로 집들이가 주로 이루어지는 만큼 여기에 광고 제품을 집들이 선물로 해석해냈습니다. 이에 따라 제품은 광고가 아닌 선물로 자연스럽게 소개되고요. 또한 희극인 강남이 출연한 회차에서 광고 제품을 대화 중 간식으로 나누어 먹은 것처럼, MC와 게스트가 함께 제품을 경험하는 모습도 이질감 없이 노출되죠. 그 결과 티저 업로드 두 달 만에 구독자 12만 명 돌파라는 기록을 세울 수 있었습니다.

이처럼 〈감별사〉는 단순히 대중적 인지도에만 의존하는 것이 아니라 MC, 그리고 게스트들의 캐릭터를 면밀히 분석하고 체계적으로 활용해 좋은 성과를 거두었는데요. 빅 셀럽의 출연이 주요 흥행 조건이 되던 레거시 미디어와는 달리, 오늘날에는 개인의 관심사를 기반으로 콘텐츠를 큐레이션해 소비하는 시청자에 맞춰 섬세한 팬덤 비즈니스를 운영해야 합니다. 출연진의 인지도뿐만 아니라 나의 관심사와 적합한지, 내가 찾고자 하는 정보를 다루는지 등 여러 요건을 고려하는 시청자들의 니즈를 충족해줄 수 있도록요.

"우리의 콘텐츠가
일회성으로 소비되는 것이 아닌,
오프라인까지 연계되어
시너지를 일으키는 촉발제가
되길 바랍니다."

·

<감별사> 제작진

순환 생태계

Circular System

새로운 세대를 주입하며
새로운 크리에이터를 배출한다는 것

〈이십세들〉은 약 7년 동안 20대 시청자들의 공감을 얻으며 지속 성장 중인 채널입니다. PPL, 브랜디드 콘텐츠, 컬래버 등 다양한 비즈니스 모델을 활용해 좋은 성과를 내고 있죠. 콘텐츠가 하나의 상품처럼 수익을 만들어낼 수 있는 이유는 타깃의 변화에 유연하게 반응했기 때문입니다.

〈이십세들〉의 구독자는 론칭 초기부터 현재까지 변함없이 1020세대인데요. 기존 시청자들이 시간의 흐름에 따라 졸업하게 되더라도 새로운 1020세대 시청자가 입학하며 수요를 유지해왔기 때문입니다.

그런가 하면 〈이십세들〉은 크리에이터 공급자로서의 역할

'이심세들'
#스튜디오 토크쇼
#20대들의 다양한 경험 썰 콘텐츠

'이심BAR'
#술자리 토크쇼
#연애/성 관련 진솔한 대화 콘텐츠

'이공이구'
#숏폼형 스튜디오 토크쇼
#니이대별 반응 콘텐츠

'티미티미'
#라디오
#TMI형 잡지식 전달 콘텐츠

'이심토론'
#토론
#일상 주제 관련 찬반 토론 콘텐츠
북미월드 VS 에버랜드

'최애 멤버십 전용 콘텐츠'
#유튜브 멤버십 콘텐츠
#세들세들과의 소통 콘텐츠
ASMR 마라톡기

2016 2017 2018 2019 2020 2021 2022 2023 2024

| 〈이심세들〉 유튜브 채널 타임라인 |

| 2017~2018 | 2019~2020 | 2021~2023 | 2023~2024 |

정보형
연애와 대학 생활 관련 실용적인 정보 제공

'이십세들' EP22

'이십세들' EP53

브이로그형
맛집 탐방, 여행 등 아외 활동을 담은 브이로그 형식

'맛슐랭 가이드' EP0

'서울랭 가이드' EP0

참여형
토론, 밸런스 게임 등 시청자와의 커뮤니티 형성화

'이십토론' EP:14

'이십토론' EP29

숏폼형
숏폼 플랫폼에 최적화된 짧은 클립, 챌린지 영상

'보내세요 챌린지'

'이꽁이구'

|〈이십세들〉콘텐츠 맵|

도 수행하고 있는데요. 구독자가 곧 패널이 되고, 패널이 개별 크리에이터로 성장할 수 있도록 돕는 양성소의 역할을 하고 있습니다. 수요와 공급의 밸런스를 맞추며 크리에이터 시장과 상생하고 있는 채널 전략을 담아봤습니다.

〈이십세들〉의 팬덤, 새들새들

〈이십세들〉은 2016년 페이스북 페이지로 시작해, 2017년 유튜브 채널을 개설하며 본격적으로 팬덤을 키워왔습니다. 2023년 기준 약 60만 명의 팔로워(유튜브, 페이스북, 틱톡, 인스타그램 합산)를 보유하며 명실상부 20대를 대표하는 뉴 미디어 채널이자 크리에이터, 그리고 하나의 IP로 자리 잡았죠.

실제 시청층도 18~24세가 65퍼센트로 가장 많고, 25~34세가 17퍼센트, 13~17세도 8퍼센트를 차지하고 있습니다. 성별은 여성 58퍼센트, 남성 42퍼센트로 고르게 분포되어 있고요. 사실 〈이십세들〉의 메인 시청층은 18~24세인데, 숏폼의 흥행으로 25~34세 시청층이 많이 유입되었습니다. 특히 유튜브가 콘텐츠를 화두로 댓글을 달며 노는 커뮤니티라면, 인스타그램은 지인을

| 〈이십세들〉 플랫폼별 팔로워 수 |

태그하면서 확산이 이루어지는 플랫폼입니다. 그래서 트렌드에 맞춰 인스타그램에서는 카드 뉴스 형식의 콘텐츠를 많이 제작하고 있죠. 틱톡은 이 중 사용 연령층이 가장 어린데, 그만큼 유튜브나 인스타그램에서는 큰 반응을 얻지 못했던 콘텐츠가 틱톡에서 인기를 얻는 경우도 있습니다.

이처럼 채널별로 세분화된 〈이십세들〉의 마케팅 전략은 타기팅된 콘텐츠 기획과 빠른 트렌드 분석을 기반으로 하고 있습니다. 여러 SNS 플랫폼을 골고루 모니터링하며 트렌드를 파악하고, 이를 빠르게 콘텐츠에 반영하는 것인데요. 이러한 전략적 접근 덕분에 플랫폼의 경계 없이 채널을 확장하며 형성된 팬덤이 바로 '새들새들'입니다.

새들새들은 유튜브를 허브로 〈이십세들〉 전 채널의 구독자와 팔로워를 아우르는 팬덤 이름입니다. 20만 구독자 기념 이벤

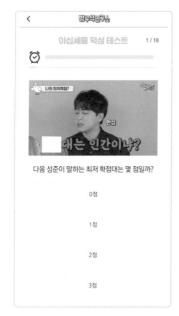 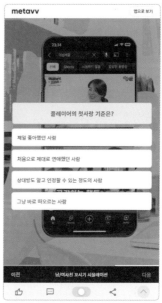

| **'이십세들 덕심 테스트', '꼬시기 시뮬레이션'** |

트에서 팬들이 제안한 여러 이름 중 채택된 것인데요. 팬들이 직접 참여해 만들어진 이름인 만큼 팬들은 〈이십세들〉에 대한 더 큰 소속감과 애착을 가지게 되었습니다. 실제로 팬덤 이름이 공개되었을 때, 팬들은 "너무 감격적이다", "평생 새들새들로 남겠다" 등의 반응을 보였습니다.

이후 〈이십세들〉은 '새들새들'과의 소통을 더욱 강화하기 위해 다양한 콘텐츠를 선보였습니다. 대표적으로 인터랙티브 웹 플랫폼 메타브에서 선보인 참여형 콘텐츠들이 있는데요. 〈이십세들〉과 관련된 퀴즈를 맞히는 '이십세들 덕심 테스트', 〈이십세들〉 콘텐츠를 활용해 가상의 리얼리티 연애 프로그램을 경험하는 '꼬시기 시뮬레이션'은 팬들에게 색다른 경험을 제공하며 높은 참여도를 이끌어냈습니다. 2023년에는 유튜브 멤버십 '최애 멤버십'을 오픈해 팬들에게 좋아하는 패널의 단독 콘텐츠, 라이브 방송, 팬미팅 우선 참여 혜택 등을 제공하며 팬덤을 한층 더 돈독히 했죠.

팬덤과의 긴밀한 소통은 광고와 브랜디드 콘텐츠 제작에서도 큰 강점으로 작용했습니다. 〈이십세들〉은 LG전자와 협업해 '학과별로 필수템이 다르다고? 대학생의 가방 털기'라는 브랜디드 콘텐츠를 업로드했는데요. 여기에서는 대학생들이 학과에 따라 필요로 하는 필수 아이템을 소개했습니다. 예를 들어 공대생이 자주 사용하는 필기 노트와 공학용 계산기, 예술대 학생들이 사용하는 삼각대나 카메라 등의 아이템을 소개하는 식인데요. 여기에 자연스럽게 LG전자의 스마트폰을 '대학생의 시험 기간 꿀템'으로 함께 소개했습니다.

이 콘텐츠는 단순한 제품 홍보를 넘어, 학과별로 다른 대학 생활을 보여주면서 시청자들의 공감을 이끌어냈습니다. 이후 이어진 라이브 방송에서는 제품에 대한 실시간 Q&A 세션을 열어 시청자들이 궁금한 점을 직접 질문할 수 있도록 했는데, 이처럼 팬들이 직접 참여할 수 있는 경험을 제공해 더욱 친근한 느낌을 주었죠. 해당 콘텐츠는 2024년 3분기 기준 조회수 64만 회와 좋아요 6,000개 이상을 달성했으며, 라이브 방송 중에는 600명 이상의 동시 접속자를 기록하는 성과를 올렸습니다. 채널에 대한 높은 호감도가 형성되었기에 팬들이 광고 브랜드 또한 〈이십세들〉 콘텐츠의 일부로서 긍정적으로 받아들여 이러한 성과를 얻을 수 있었던 것이죠.

패널과 구독자의 원 커뮤니티

〈이십세들〉은 팬들과의 소통을 강화하며 팬덤의 소속감을 높여 왔습니다. 그 대표적인 사례가 바로 '이십BAR' 종강 파티인데요. '이십BAR'는 20대의 솔직한 생각과 고민을 취중 토크 형식으로 풀어낸 시즌제 콘텐츠로, 2024년 3분기 기준 최고 조회수 127만 회를 기록하며 큰 인기를 끌었습니다. 이 인기에 힘입어 시즌 1의 마지막 회에서는 팬들과의 만남을 위한 특별한 팬밋업 이벤트가 열렸습니다. 바로 종강 파티라는 콘셉트에 맞춰 〈이십세들〉 패널과 새들새들이 마치 같은 학교에 다니는 친구처럼 친근하게 어울리는 자리를 연출한 것인데요. 성적 수여식, 방학 선서문, 랜덤 게임, Q&A 등 팬들이 직접 참여할 수 있는 다양한 프로그램이 진행되어 새들새들과의 유대감이 한층 더 강화되었죠.

이처럼 유대감을 쌓을 수 있는 이유는 〈이십세들〉의 패널이 일반인으로 구성되어 있기 때문입니다. 유명인을 내세웠던 레거시 미디어와 달리, 〈이십세들〉은 일반인 패널을 통해 시청자들과 더 큰 공감을 형성했습니다. 시청자들은 '나도 출연해볼까?'라는 참여 욕구를 느끼게 되고, 채널에서도 이를 반영해 일반인 패널 공개 모집을 진행하며 구독자들에게 출연 기회를 제공했죠. 초창기에는 대학생이나 휴학생을 우대했지만, 최근에는 20대의 정의가 더 이상 대학생에 한정되지 않는 사회적 인식에 발맞춰 다양한 직업군의 20대를 섭외하면서 더욱 폭넓은 참여를 유도하고 있습니다. 즉, 단순한 패널 모집을 넘어 시청자들이 직접 콘텐츠의 일원이 될 수 있는 기회를 제공함으로써 〈이십세들〉 커뮤니티에 대한 소속감을 극대화하는 것입니다.

한편 〈이십세들〉과 함께했던 패널로는 2022년 카타르 월드컵 당시 '곤룡포좌'로 이름을 알린 〈규태씨〉를 비롯해 〈앙찡〉과 〈유말랑〉, 〈허성범〉 등이 있습니다. 〈규태씨〉는 〈이십세들〉의 초기 패널로, 2024년 서른 살이 되며 〈이십세들〉을 졸업한 명예 졸업생으로서 현재 축구 유튜버로 활동 중입니다. 〈앙찡〉과 〈유말랑〉은 초등학교 동창으로 '찐친' 케미를 보여주며 큰 사랑을 받았으며, 2024년 3분기 기준 각각 유튜브 구독자 38만 명, 24만 명을 보유했을 정도로 활발히 활동 중입니다. 또한 최근 카이스트 공대생으로 유명해진 〈허성범〉은 2023년 〈이십세들〉 패널로 출연한 후, 당해 개인 유튜브 채널을 개설하여 '23년도 수능 수학 풀이' 콘텐츠로 큰 주목을 받기도 했습니다.

이처럼 〈이십세들〉이 Z세대를 대표하는 채널이 되면서 패널이 크리에이터로 성장하고, 광고주와 연결되는 사례도 늘고 있습니다. 마치 크리에이터 양성소 같은 기능을 수행하고 있는 것인데요. 실제로 〈유말랑〉은 〈이십세들〉 패널로 활동하다가 크리에이터 협업 및 수익 창출 등의 서비스를 제공하는 MCNMulti Channel Network과 연결되기도 했습니다. 〈이십세들〉은 기획사나 MCN의 역할을 수행하지는 않지만 패널이 인플루언서나 크리에이터로 성장할 수 있도록 조력하며, 콘텐츠 제작이나 스타일에 대한 지원을 아끼지 않고 있습니다. 이는 개별 크리에이터의 성장이 곧 채널의 성장이라고 생각하기 때문이죠.

또한 〈이십세들〉은 출연자가 아닌 제작자로 일하는 크리에이터를 양성하는 기능도 수행하고 있습니다. 약 6개월 동안 진행되는 인턴십 프로그램을 통해 콘텐츠 기획부터 제작, 편집까지 전 과정을 경험할 수 있는 기회를 제공하고 있는데요. 수동적인 인턴십이 아니라 〈이십세들〉 콘텐츠 전반에 걸친 능동적인 업무 경험을 쌓을 수 있도록 하고 있습니다. 그 결과 영상 관련 전공이 아니더라도 많은 사람들이 지원하고 있는 추세이며, 참여자들의 만족도 또한 매우 높습니다.

IP에서 크리에이터 양성소, 그리고 20대의 브랜드로

나아가 〈이십세들〉은 광고를 통해 팬들과 긴밀한 관계를 맺는 광고대행사 역할도 하고 있습니다. 즉, 브랜드에게는 1020 타깃과 가장 밀접하게 소통할 수 있는 광고대행사인 동시에, 소비자에게는 신뢰도 높은 후기를 제공하는 친구가 되는 것인데요. 탄탄한 팬덤과 다양한 크리에이터를 보유한 〈이십세들〉은 신뢰도와 충성도가 높아 브랜드와 광고주들에게 매력적인 파트너가 됩니다.

〈이십세들〉은 타깃층의 심리를 깊이 이해하고 '공감'을 핵심 키워드로 삼아 브랜드 메시지를 효과적으로 전달하는 방법을 잘 알고 있습니다. 그 덕에 특히 후기 형식의 브랜디드 콘텐츠에서 강점을 보입니다. 솔직담백한 평소 콘텐츠의 방향성 덕분에 브랜디드 콘텐츠 또한 상업성보다는 신뢰성을 앞세울 수 있고요. 팬과의 연결을 중시해왔기에 광고대행사처럼 여러 브랜드의 광고가 포함된 브랜디드 콘텐츠를 제작하더라도 타깃과의 공감대라는 핵심이 변함없이 유지되는 것이죠.

현재의 20대가 30대가 되어도, 〈이십세들〉은 단순히 추억의 IP에 그치지 않고 그 시점의 20대를 대표하는 브랜드로 자리매김할 것입니다. 〈이십세들〉은 계속해서 20대의 변화하는 트렌드

와 취향을 반영해 성장하고, 그 시대의 20대가 가장 먼저 떠올릴

수 있는 IP이자 브랜드로 남게 될 것입니다.

"꾸며지지 않은 유튜브 예능은
정제된 TV 프로그램보다
훨씬 매력적으로 다가옵니다.
지상파에서 쉽게 다룰 수
없는 소재를 재미있게
풀어낼 수 있으니까요."

•

<이십세들> 제작진

포스트 엔터테인먼트 시대의 크리에이터

광고 시장에서 레거시 미디어와 뉴 미디어를 비교하기 가장 쉬운 지표는 영상 매체입니다. 전자는 TV, 후자는 웹/모바일을 모두 제공하는 유튜브를 들 수 있겠죠.

레거시 미디어를 대표하는 영상 매체인 TV의 역사는 19세기로 거슬러 올라갑니다. 상업 영상을 뜻하는 CF Commercial Film가 국내에서 대중화된 시점을 1980년대로 잡아도 약 50년의 유구한 역사를 갖고 있습니다.

반면 2006년 구글에 인수된 유튜브는 국내에서 2008년 1월에 론칭되었습니다. 미국에서는 이미 2015년을 기점으로 전체 동영상 광고 시장의 20퍼센트 이상을 점유할 정도로 거대한 규모를 자랑했지만, 국내에서 진가를 드러낸 시점은 코로나19로 실내 생활의 비중이 커진 2019년을 지나면서부터였습니다. 2019년 디지털 광고비가 처음으로 방송 매체 광고비를 앞질렀고, 2020년에서 2021년 사이에 국내 디지털 광고비는 무려 31.5퍼센트라는 성장률을 기록하며 퀀텀 점프를 했습니다. 그중 유튜브 매출의 성장률은 46퍼센트에 달했고요. 다시 말해, 뉴 미디어가 광고 시장의 라이징 스타에서 주연이 된 지 5년이 채 지나지 않았다는 겁니다.

뉴 미디어가 레거시 미디어의 10분의 1 정도의 기간에 강력한 파워를 형성할 수 있었던 이유는 콘텐츠에 있습니다. 지금부터 하는 이야기는 바로 이 새로운 콘텐츠에 대한 통찰과 고민에서 시작합니다.

미디어의 권력이 와해되다

TV CF가 가장 강력한 영상 광고였던 시절, 누가 시장을 움직이고 있었을까요? 영상 광고를 의뢰하는 브랜드, 영상 광고를 기획하고 제작하는 광고대행사를 떠올릴 수 있겠지만, 광고 '구좌' 자체가 희소하던 때에는 방송사가 많은 권한을 쥐고 있었습니다. 인기 프로그램 사이에 광고를 배치하면 높은 노출을 확보할 수 있었던 만큼, 공급에 비해 수요가 넘치는 시장이었기 때문이죠.

그게 시장의 생리가 되면, 시청률이 높은 인기 프로그램을 기준으로 '광고 구좌'와 '광고 모델'이 생성됩니다. MBC〈무한도전〉, KBS2〈1박2일〉과 같이 시청률 30퍼센트를 웃도는 국민 예능의 앞뒤에는 TV에서 자주 접했거나 출연진이 모델인 CF가 연이어 송출되던 것이 기억나실 텐데요. 전자는 자금력이 있어 가장 비싼 광고 구좌를 구매할 수 있던 브랜드의 CF였을 거고, 후자는 타깃 적합도(〈무한도전〉의 팬이 곧 브랜드 모델의 팬이 될 테니까요)가 높은 브랜드의 CF였을 겁니다. 인기 프로그램 한 편이 갖는 광고 가치가 상당한데 이 소유권이 방송사에 있었으니, 당시의 광고 권력은 TV라는 플랫폼에 집중된 형태를 띨 수밖에 없었습니다.

스마트폰과 소셜 네트워크 서비스가 보급된 뉴 미디어 시대에 들어서면서 기존의 권력과 권한이 탈중앙화되는데, 우리는 이에 따른 구조적 변화를 '포스트 엔터테인먼트post entertainment'라 정의합니다. 1퍼센트 창작자의 콘텐츠를 99퍼센트 시청자가 소비했던 과거를 지나, 99퍼센트가 콘텐츠를 시청하면서 제작하는 형태가 됨에 따라 엔터테인먼트로 일컬어지던 콘텐츠 시장도 변곡점을 맞았습니다.

포스트 엔터테인먼트를 정의하다

첫 번째 배경, 플랫폼이 다변화되었습니다. 단순히 TV에서 온라인으로 옮겨 온 현상이나 웹과 모바일 앱의 양분을 이야기하는 것이 아니라, 콘텐츠를 송출하는 플랫폼이 너무도 많아졌습니다. 유튜브, 인스타그램, 틱톡과 같은 소셜 미디어뿐 아니라 넷플릭스, 티빙, 웨이브와 같은 OTT 플랫폼까지, 이미 많은 플랫폼이 우리에게 친숙하게 자리 잡았습니다. 이는 곧 콘텐츠 소비 형태의 변화를 의미합니다. 집 안에 앉아서 TV를 시청하던 때와 달리, 노트북이나 스마트폰과 같이 화면이 작은 디바이스로 영상을 소비하게 되면서 이에 최적화된 콘텐츠가 성행하고 있습니다.

두 번째 움직임, 제작자의 이동입니다. 기존 TV 판도를 움켜쥐고 있던 PD, 작가진이 하나둘 방송국 문을 박차고 나오고 있습니다. 일부는 프리랜서로, 일부는 독립된 프로덕션의 형태로 유튜브 채널을 운영하고, 일부 콘텐츠를 OTT 플랫폼 등에 직접 납품하며 자생력을 키웁니다. 방송국 출신이 아니지만 새로운 콘텐츠 기획 기법과 제작 기법을 직접 실험하고 검증한 유튜브 태생의 제작진도 놀라운 속도로 늘어났는데요. 이들은 방송국이 편성한 예산 안에서 콘텐츠를 제작하던 레거시 미디어 출신보다 효율적인 방식으로 콘텐츠를 만들어낸다는 특징이 있습니다. 직접 자금 투자를 받아 제작비를 확보해야 했기 때문에, 기획 초반부터 PPL과 같은 광고 상품 개척에 매우 적극적입니다. 다시 말해 방송국에 방영권과 판권을 판매해 수익을 올렸던 '외주업체'와 차별화된 수익 구조를 확보하고 있습니다.

세 번째 변화, 신흥 권력자 크리에이터의 탄생입니다. 플랫폼이 많아지고 제작진이 다양해지면 어떤 일이 일어날까요? 소비할 콘텐츠가 넘쳐나고 이탈도 쉬워집니다. 그렇게 되면 '고정적으로 콘텐츠를 소비할 지지층'의 역할이 중요해지는데, 유튜브에서는 구독자라는 팬덤이 이를 수행하고 있습니다. 구독자에게는 채널의 신규 콘텐츠가 자동으로 노출되고 알림을 통해 상기됩니다. 그리고 그 구독자를 모으는 힘은 채널주인 크리에이터에게 있는데요. 이 개념은 더 이상 '1인 유튜버'에 국한되지 않습니다. 크리에이터란 영상을 제작하고 업로드하는 개인만이 아니라, 콘텐츠 IP를 구축하는 집단을 일컫습니다. 즉, 콘텐츠 출연진뿐 아니라 그에게 캐릭터를 입히고 스토리를 부여하는 제작진도 크리에이터로 정의할 수 있다는 거죠. 앞서 새로운 제작자는 수익 구조에 해박하다고 설명했는데요. 이 때문에 최근 유튜브 콘텐츠는 기획 단계부터 수익화 가능성을 충분히 검토하고 론칭됩니다. 채널이 곧 미디어를 대체하기 때문에 스스로 '광고 구좌'를 만들어내고, '광고 모델'이자 '상품'인 캐릭터라는 IP를 구축해 새로운 비즈니스 기회를 모색합니다.

수익화 → 광고 ⇄ 콘텐츠

수익화의 핵심, 광고가 다양해졌습니다. 앞서 나열한 현상 모두가 이유가 될 수 있지만, 무엇보다 광고를 의뢰하는 브랜드의 목적이 '전방위적 노출'에서 '타깃별 노출'로 변화했기 때문입니다. 산업별 경쟁업체가 적었을 때에는 무조건적으로 SOV*를 높이는 것이 우선시되었지만, 대부분의 산업이 포화 상태에 이른 지금은 구매 가능성이 높은 타깃에게 브랜드 메시지가 닿는 게 더욱 중요해졌거든요. 전자의 노출이 '전방위적 확산'을 전제로 한 결과라면, 후자는 '타깃별 노출'을 시작으로 '확산'이 파생됩니다.

    비슷한 단어가 나열되다 보니 이런 의문을 품는 분들이 계실 것 같습니다. 아니, 이전에도 전방위적 확산을 목적으로 광고를

---

* Share Of Voice의 약자로, 특정 산업이나 분야의 전체 광고 집행 중에서 개별기업이 차지하는 광고의 비중을 뜻한다.

집행했다더니 이번엔 확산이 될 만한 콘텐츠가 따로 있다고? 네, 그물을 던지듯 넓은 표면에 닿는 광고와 목표 지점을 정확히 맞혀 파동을 일으키는 광고는 다릅니다. 더 정확히 말하면 '1,000만 명이 시청한 뒤 1만 명의 구매에 영향을 미쳤을 거라 예측되는 TV CF'와 '100만 명이 시청한 뒤 10만 명이 특정 링크에서 제품을 구매해 화제를 일으키는 유튜브 IP'의 차이입니다.

이제 브랜드는 성과를 기반으로 효율을 확인할 수 있는 콘텐츠를 필요로 합니다.

콘텐츠로 광고 목표 달성하기

① 브랜딩 / AD

[mission] 소비자가 듣고 싶어 하는 메시지 노출하기
[solution] 밀지 않고 당기는 풀 마케팅

소셜 미디어 유저는 너무도 쉽게 콘텐츠를 외면할 수 있습니다. 애플리케이션에서 나가는 이탈이 아니라, 특정 콘텐츠나 채널을 '차단'하거나 '추천받지 않기'를 눌러 자신의 피드에서 배제

219

할 수도 있습니다. 그렇기에 타깃을 설정할 때는 이들이 소셜 미디어 내에서 어떤 관심사를 기반으로 콘텐츠를 시청하고 습득하는지를 고려해야 합니다.

그렇다면 타깃의 관심사와 매칭되어야 하는 지표로는 무엇이 있을까요? 유튜브로 보면 가장 크게는 채널 콘셉트, 소재, 스토리 등 IP 전반을 커버하는 콘텐츠의 정체성과 방향성이 있습니다. 하지만 의외로 채널명, 제목 같은 텍스트 요소나 폰트, 섬네일 디자인처럼 시각적인 요소가 유저를 현혹하기도 하는데요. 콘텐츠를 시청할지에 대한 판단이 엄지손가락이 스와이핑하는 3초에서 5초 사이에 이루어지기 때문입니다.

1020세대를 타깃으로 하는 패션 제품의 콘텐츠를 예로 들어 보겠습니다. '24SS 트렌드 긱시크룩'이라는 제목의 섬네일과 '뉴진스와 제니가 PICK한 긱시크룩'이라는 제목과 함께 제니와 뉴진스의 착용샷이 담긴 섬네일 중 타깃에게 더 매력적으로 느껴지는 것은 무엇일까요? 당연히 유저가 보고 싶고 듣고 싶어 하는 텍스트와 시각적 요소를 담은 후자일 것입니다. 덧붙여 '뉴진스'나 '제니'를 검색하거나 관련 콘텐츠를 시청했던 유저의 알고리즘에 노출되기도 훨씬 용이할 것입니다. 뉴진스와 제니에 우호적인 이들이 그들의 스타일에 관심을 갖고 소비할 가능성이 크다는 점을 감안하면, 잠재 고객을 확보할 수 있는 섬네일이죠.

우리는 이를 소비자에게 일방향으로 노출되는 푸시 마케팅 push marketing과 대비되는 개념인 풀 마케팅pull marketing이라 정의합니다. 푸시 마케팅은 유저의 관심사로 대변되는 특성보다는 브랜드가 전하고자 하는 메시지를 중시해 소비자에게 광고를 '밀어 넣는' 형태로 나타납니다. 반면 풀 마케팅은 알고리즘에 대한 이해를 바탕으로 유저의 피드에 광고를 노출시켜 그들이 직접 콘텐츠를 '선택하도록' 유도합니다. 소비자가 직접 제품이나 서비스의 가치를 판단하고 평가할 수 있도록 판을 깔아주는 것입니다.

② CRM / 커뮤니케이션

[mission] 소비자를 고객으로 만들기
[solution] 멀티 채널을 통한 관계 관리

그렇게 유입된 소비자는 '잠재 고객'으로 분류되는데요. 소비자가 일반적인 소비의 주체를 뜻한다면, 고객은 브랜드의 제품 및 서비스를 실제로 구매했거나 구매 의향이 있는 소비자를 말합니다. 브랜드가 소비자consumer를 대상으로 메시지를 전하는 것이 브랜딩이라면, 고객customer을 대상으로 관계를 맺는 마케팅 활동을 CRM[*]이라고 합니다. customer는 관습과 습관을 뜻하는 'custom'이라는 단어에서 유래했습니다. 즉, CRM은 고객이 과거 경험을 기반으로 습관적인 구매를 할 수 있도록 관리하는 것입니다.

포스트 엔터테인먼트에서는 관계 관리의 영역이 소셜 채널 전반을 아우릅니다. 유튜브 콘텐츠를 통해 브랜드 제품 및 서비스를 인지하고 탐색할 의지가 생긴 유저와 커뮤니케이션을 이어 가려면? 다양한 채널에서 그에 적합한 방식으로 터치 포인트를 확보할 필요가 있습니다. 카카오 플러스 친구 알림톡을 보낸다거나 라이브 커머스에서 제품 및 서비스를 일정 기간 내 한정된 혜택으로 판매하는 전략을 동시다발적으로 펼치는 것처럼요.

그렇게 되면 구매 의사가 있는 고객이 제품 및 서비스에 대한 정보를 빠르게 수집할 수 있고, 기존보다 훨씬 단축된 시간 내에 구매를 결정할 수도 있습니다. 쉽게 말해 구매 여정 중 탐색 단계를 최소화한다는 개념으로 이해하면 좋습니다.

하지만 아무리 매력적인 제품이라도 짧은 기간 동안 많은 유저를 잃을 수 있습니다. 멀티 채널을 통한 CRM의 강점은 리텐

---

[*] Customer Relationship Management의 약자로, 잠재 고객 및 고객과의 신뢰를 구축하고 관계를 관리하는 전략을 뜻한다.

션retention을 확보하기에 용이하다는 겁니다. 유입된 고객의 욕구를 충족했다면, 그들이 습관을 형성해 서비스를 주기적으로 이용하게 만들고 장기적으로 이들을 붙잡아둘 수 있어야 합니다. 되도록 브랜드가 운영하고 관리하는 몰에 그들의 트래픽을 가둬놓아야 하며, 이들이 길을 잃지 않고 다시 채널에 들를 수 있도록 하는 '리텐션 최적화'에 대한 고민도 필요합니다.

③ 마케팅 / 퍼포먼스 마케팅

[mission] 소비자의 클릭 유도하기
[solution] 데이터보다 중요한 UBS와 UPS

구매 채널에 주기적으로 재방문하는 유저를 관리하고 새로운 유저를 확보하기 위해서는 퍼포먼스 마케팅의 역할이 중요합니다. 퍼포먼스 마케팅의 사전적 정의는 '성과 마케팅'으로, 목표 액션을 성과 지표로 설정해 이를 개선해나가는 마케팅 활동을 말합니다. 여기서 성과는 클릭, 구매 등과 같은 유저의 액션이 될 수 있고요. 성과는 숫자로 나타나지만, 전략은 콘텐츠를 기반으로 이루어져야 합니다.

여기서 콘텐츠란 광고 집행에 사용되는 '전환 소재'인데요.

보통 이러한 전환 소재는 이미지형과 영상형으로 구분됩니다. 앞선 전략이 선행되었다면 별도 콘텐츠를 제작할 필요 없이 기존 유튜브 콘텐츠를 편집해 2차 콘텐츠를 제작할 수도 있겠죠. 두 가지 유형 모두 유저가 시각적으로 제품 및 서비스를 인식하게 하고 '왜 구매해야 하는지'와 '어떤 유용성을 보장받는지'를 담아내야 하는데요. 앞으로 이를 UBSUser Buying Story와 UPSUser Problem Solving이라는 용어로 설명하겠습니다.

UBS와 UPS의 역할은 보통 카피가 수행합니다. 카피는 시각화된 콘텐츠를 부가적으로 설명해 유저의 행동을 유도하는 트리거가 되는데요. 콘텐츠로서 가치가 있는 카피는 제품 및 서비스의 포지셔닝을 견고히 해 세일즈와 브랜딩 효과를 동시에 누릴 수 있어야 합니다. '오픈 3시간 만에 1차 완판, 재입고 1시간 만에 2차 완판'보다는 '○○○의 찐추천'이나 '밤마다 잠 못 이루는 건조함을 한 번에 해결한'과 같은 카피가 UBS와 UPS를 잘 담아낸 경우라고 할 수 있습니다.

소재의 중요성은 누차 강조해도 지나치지 않지만, 퍼포먼스 광고의 핵심은 매체 집행의 적합도와 정확도입니다. 앞서 이야기한 바와 같이 유튜브 브랜디드 콘텐츠를 허브로 퍼포먼스 광고를 집행하면 그 적합도와 정확도도 함께 높아지는데요. 우선 채널이 보유한 구독자 데이터를 기반으로 유사 타깃을 생성할 수 있으며, 시청 데이터를 기반으로 신규 타깃에 대한 가설을 세울 수 있습니다.

④ 커머스 / 미디어 커머스

[mission] 새로운 수익 구조 구축하기
[solution] 마켓 핏한 프로덕트 론칭

앞에서 이야기한 전략으로 기존 제품 및 서비스에 대한 구매 데이터를 확보하게 되면, 새로운 상품을 론칭해 수익화를 실현할 수도 있습니다. 여기에는 두 가지 방식이 있는데요. 첫째는 유튜브 IP를 기반으로 한 '굿즈 론칭'이고, 둘째는 기존 타깃 세그먼트를 고려해 기획 단계에서부터 새로운 상품을 개발하는 '프로덕트 론칭'입니다. 이 차이를 실제 사례를 통해 살펴보겠습니다.

온라인 스트리머 '침착맨'은 유명 웹툰 작가 이말년의 인터넷 방송명인데요. 유튜브 구독자 250만 명을 거느린 인기 채널이기도 합니다. 침착맨은 CJ제일제당, 두찜 등 다양한 브랜드에 본인의 IP를 접목한 컬래버레이션 굿즈로 자신의 IP가 가진 상품성과 희소성을 입증해왔습니다. 최근에는 신세계백화점과 손잡고 단독 팝업스토어를 오픈하기도 했는데요. 침착맨 측이 직접 디자인에 참여한 단독 굿즈를 판매해 명품 브랜드 못지않은 '오픈런'과 '품절 대란'을 일으켰습니다.

엄청난 화제를 불러일으켰지만, 이는 팬덤을 견고히 하는 이벤트에 가깝지 상품을 판매해 매출을 일으키기 위한 전략은 아닙니다. 굿즈는 철저히 크리에이터 IP의 매력도에 의존하기에 타깃이 한정되고, 상품 가치 중 희소성을 극대화한 것이라 지속성이 떨어집니다.

프로덕트 론칭은 바로 이런 한계를 상쇄할 수 있습니다. 타깃 데이터를 고려해 신규 상품의 포지셔닝부터 잡아갈 수 있기 때문입니다. 데이터를 고려하면 특정 타깃에게 최근 어떤 제품 카테고리가 화제인지, 타깃이 어떤 특성에 반응하는지를 알 수 있을 뿐 아니라 제품명, 메인 슬로건, 모델 등을 설정하는 데에도 참고가 됩니다. 콘텐츠에 달린 댓글이나 실제 유저 반응을 확인할 수 있는 검색 쿼리 등이 모두 가설과 검증이 가능한 요소가 되죠.

〈노빠꾸탁재훈〉의 구독자를 공략한 이너 퍼퓸 '엑슈얼'이나 가수 성시경의 유튜브 시리즈 '먹을텐데'를 발판으로 탄생한 막걸리 '경탁주 12도'가 그 예인데요. 엑슈얼은 제품 론칭을 해당 IP에서 소개하며 초기 화제성을 잡는 데 성공했고, 경탁주 12도의 경우 판매가 시작되기 하루 전 '드디어 제 막걸리 경탁주가 출시됩니다'라는 영상을 통해 구매 전환을 유도했습니다. 물론, 조기 품절에 성공했고요.

모두가 프로듀서형 크리에이터인 원팀을 그리며

지금까지 미디어의 변화를 읽고, 포스트 엔터테인먼트를 정의해 그 시장에서의 머니타이제이션을 구현할 만한 전략을 도출해봤습니다. 과거 미디어에 종속되었던 권한이 탈중앙화하면서 크리에이터가 신흥 세력이 됨에 따라, 이들을 중심으로 광고라는 수익 모델을 어떻게 활용하면 좋을지에 대한 이야기였습니다.

우리가 이 화두를 던질 수 있는 이유는 무엇일까요? 앞으로의 시장이 '프로듀서형 크리에이터'에 의해 움직일 것이고, 이들을 양성하고 이끌 수 있는 곳이 다름 아닌 소셜 미디어를 기반으로 성장한 광고 에이전시 더에스엠씨라고 확신하기 때문입니다.

우리는 기존 광고업과 구분되는 인력과 인프라, 그리고 다른 연속성을 지닌 비즈니스 모델을 추구하기에 독립 조직을 통해 포스트 엔터테인먼트 시장을 개척하고 있습니다. 다만 변모하는 시장에서도 변하지 않는 가치가 있습니다. 바로 새로운 조직을 구성하는 조직원은 모두가 '프로듀서형 크리에이터'로 기능할 것이라는 믿음입니다.

지상파 공채 출신 연예인으로 활동하다 소셜 미디어에서 인플루언서로 시작해 유튜브 시장에 뛰어든 크리에이터이든, 방송국 PD로 시작해 전방위적인 콘텐츠 기획자가 된 프로듀서이든 모두가 콘텐츠 기획, 제작, 확산, 커머스에서 전문가로서의 역할을 수행하고 있습니다. 우리는 이들을 '프로듀서형 크리에이터'로 정의하고, 이들이 자본과 시스템이 갖춰진 환경에서 성장할 수 있도록 지지하고 지원하며 함께 도전하고 있습니다.

"본 도서를 기획하면서
우리의 콘텐츠가
라이트 팔로워의 소비에만 그치지
않을까 하는 고민을 했습니다.
그리고 이번 책을 시작으로 앞으로
이어질 여정에서는 헤비 팔로워, 팬,
그리고 팬덤까지 도달할 수 있도록
크리에이터 콘텐츠 머니타이제이션의
환경을 조성해나가고자 합니다.
이 책을 더에스엠씨와 함께
콘텐츠 IP의 힘을 믿고 길을 만들어갈
팬덤이자 풀 콘텐츠 크리에이터
_____께 드립니다."

·

김용태 대표

참고 문헌

― 1장 크리에이터 콘텐츠 인사이트

"네이버 스트리밍 서비스 '치지직', 한 달 만에 MAU 130만명 넘겼다", 〈테크 M〉, 2024. 02. 02

"YouTube's AI is the puppet master over most of what you watch", 〈Solsman JE〉, 2018. 01. 10

"2023 한국 내 YouTube의 경제적, 문화적 영향력 평가", 〈구글 코리아〉, 2023

"How Many People Use YouTube (2024 Statistics)", 〈demandsage〉, 2024. 08. 14

"Better conversion measurement for video ads on YouTube and our network", 〈Google Ads & Commerce Blog〉, 2020. 09. 11

"YouTube Shorts Statistics 2024 - Data&Trends", 〈demandsage〉, 2024. 03. 02

"[단독]국민 529명당 1명이 유튜버 … 세계 1위 '유튜브 공화국'", 〈머니투데이〉, 2021. 02. 14

"2023년 한국 유튜브 연간 분석 보고서", 〈socialerus〉, 2024. 07. 01

"디지털 뉴스 리포트 2023 한국", 〈한국언론진흥재단〉, 2023.09.22

"한국인 유튜브 앱 사용시간 1,119억 분 역대 최대!", 〈와이즈앱〉, 2024.03.04

"YOUTUBE STATISTICS 2024 (DEMOGRAPHICS, USERS BY COUNTRY & MORE)", 〈Global Media Insight〉, 2024.07.05

"One year in, revenue sharing on Shorts shows how your passion on YouTube pays off", 〈YouTube Official Blog〉, 2024.03.28

"한국인 월평균 유튜브 사용 40시간 넘어… 역대 최대", 〈경향신문〉, 2024.03.04

"Think video marketing doesn't include performance marketing? Think again", 〈Think with google〉, 2020.10.

""크리에이터님 모셔요" 인스타그램, 유료 구독·후원 시스템 도입", 〈미라클아이〉, 2023.12.20

"틱톡, 인기 AR 필터를 제작하는 이펙트 크리에이터 수익화 모델 한국에 공식 런칭", 〈TikTok〉, 2023.10.12

"서로 넘볼 수 없다… 네이버는 포털로, 카카오는 메신저로 압도", 〈한겨레〉, 2023.02.21

""카카오톡 서비스 지연'에도 이용자는 더 늘었다…누가 뭐래도 '국민 메신저'", 〈한국일보〉, 2023.02.21

"카카오톡 링크로 바로 대화 시작하는 '오픈채팅' 서비스 업데이트", 〈스포츠서울〉, 2015.09.01

"카톡 오픈채팅, 탭으로 격상…"관심사 기반 플랫폼 역할 강화"", 〈연합뉴스〉, 2023.05.17

""머물러야 산다"…플랫폼, 이용자 체류시간 늘리기 안간힘", 〈매일경제〉, 2023.08.06

"크리에이터가 팔로워들과 더 깊이 있는 관계를 형성할 수 있는 새로운 방법, 공지 채널 도입", 〈Instagram〉, 2023.02.16

"녹스인플루언서, 2021년 유튜브 인기 리포트 발표", 〈이투뉴스〉, 2021.12.15

"베트남 전자상거래시장, 상반기 급성장속 '틱톡 돌풍'…출시 1년만에 2위", 〈인사이드비나〉, 2023.07.20

"韓 진출 앞둔 '틱톡샵' 판매자 수수료 최대 4배 인상", 〈조선비즈〉, 2024.04.02

"TikTok prepares 'Project S' plan to break into online shopping", 〈Financial Times〉, 2023.06.21

"틱톡, 아마존 대적할 '인앱 쇼핑 기능' 테스트 돌입", 〈디지털투데이〉, 2023.06.23

"2021 유튜브 8대 트렌드", 〈YouTube 한국 블로그〉, 2021.12.17

"Gen Z, Identity, and Brand: How the "Digital Native" Generation is Designing Itself", 〈dscout〉, 2020.12.3

"유튜브 크리에이터를 4세대로 구분한다면?(3~4세대)", 〈김용태 브런치〉, 2023.08.23

"다나카 열풍 속 '역대급' 콘서트 후기…"아이유, 싸이 못지않아"", 〈아주경제〉, 2023.02.07

"유튜브 채널 '피식대학' 공식 팬클럽 '피식팸', 초록우산어린이재단에 기부", 〈한국연예스포츠신문〉, 2022.04.08

"Push Notifications Statistics(2024)", 〈Business of Apps〉, 2024.05.02

"유튜브 조회수가 무려 3억뷰…뭐길래", 〈매일경제〉, 2023.10.13

"2023년 인플루언서 마케팅 트렌드 #Instagram 편", 〈피처링〉, 2023.01.17

"정쇼 홈쇼핑 생방송 중 "XX" 욕설…방심위, 제재 논의키로", 〈지디넷코리아〉, 2023.03.14

"공동개발 쿠션 일반인 8명 현실 테스트", 〈시네 si-ne〉, 2024.05.13

"오픈과 동시에 완판…'53억 건물주' 침착맨, 더 부자 되겠네", 〈한경닷컴〉, 2024.05.13

"CJ온스타일 유튜브 채널 '매진임박' 시즌 2 전격 공개", 〈매일일보〉, 2024.07.29

— 2장 크리에이터 이코노미

"'와썹맨' 100만 구독자 돌파, 방송사 개설 단일 콘텐츠 최초", 〈부산일보〉, 2018.09.05

"장성규 톱스타 만든 워크맨 탄생 비밀", 〈전성기〉

"노빠꾸탁재훈의 탁재훈 주목, 랭키파이 인기 트렌드 '탁재훈'의 성별 및 연령별 선호도", 〈스타데일리뉴스〉, 2024.02.23

"'6년 열애' 신동엽X이소라, 23년만 재회…'슈퍼마켙 소라' 오늘(6일) 첫방", 〈스타투데이〉, 2023.12.06

"[콘텐츠 커머스 2024]⑧ 이소라·신동엽 23년만 재회 이끈 두 남자 "콘텐츠 커머스의 핵심은 진정성'", 〈조선비즈〉, 2024.01.30

"'디지털 마약'으로 불린다는 이것, 글로벌 '핫 트렌드'라는데…왜?[더인플루언서]", 〈매일경제〉, 2023.07.24

"Creator Earnings: Benchmark Report 2023", 〈NeoReach〉, 2024.06.24

— 3장 크리에이터 머니타이제이션

"유튜브, 국내 런칭 300일 만에 두 배 성장", 〈에이빙(AVING)〉, 2008.12.02

"'입양아' 유튜브, 9년만에 구글 효자 됐다", 〈지디넷코리아〉, 2015.10.26

"광고시장, 11년 만의 최고 성장·10년 만의 동반 성장", 〈더피알〉, 2023.04.05

"[직격인터뷰] 이경규 "눕방 창조? 내 모습 그대로 보여준 것'", 〈스포츠조선〉, 2016.03.16

"'예능 대부' 이경규, 카카오TV로 간 까닭은", 〈머니투데이〉, 2020.10.13

크리에이터
콘텐츠
머니타이제이션

초판 1쇄 인쇄 2024년 11월 29일
초판 1쇄 발행 2024년 12월 6일

지은이 김용태 김소연 박수진

펴낸이 김용태
편집 김소연 박수진
펴낸곳 ㈜더에스엠씨홀딩스
출판등록 제 2021-000024호(2011. 3. 30.)
주소 서울특별시 강남구 선릉로 648, 7층
대표전화 02-816-9799 | **팩스** 02-6499-1023
이메일 pr@thesmc.co.kr

ISBN 979-11-975704-2-1 (03320)